Marcela o ¿a cuál de los tres?
Muérete ¡y verás!

COLECCIÓN «TEATRO ESPAÑOL»

Manuel Bretón de los Herreros

Marcela o ¿a cuál de los tres?

Muérete ¡y verás!

EDICIONES RUEDA

«Colección Teatro español»

Coordinación editorial:
G.D.A. Ediciones, S. L.

Cubierta:
Arnaiz Consultores

Los Mesejo, 11
28007 Madrid

Segunda edición: 2004
ISBN: 84-8447-221-3
Depósito Legal: B-766-2004
Printed in Spain-Impreso en España por: Cayfosa-Quebecor

MARCELA O
¿A CUÁL DE LOS TRES?

COMEDIA ORIGINAL EN TRES ACTOS

REPARTO

Marcela.
Don Timoteo.
Don Martín.
Don Amadeo.
Don Agapito.
Juliana.

La escena es en Madrid, en una sala de la casa de Marcela.

¡Que no ha de poder
ser amable una mujer
sin que la persigan necios!

ACTO III, ESCENA IV.

ACTO PRIMERO

ESCENA PRIMERA

MARCELA, DON TIMOTEO, DON AGAPITO y JULIANA. Don Timoteo y Juliana aparecen en el fondo disputando; Marcela y Don Agapito más inmediatos al proscenio, sentados, haciendo aquélla una petaca y éste un cordón.

TIMOTEO. ¡Si no quiero! ¿Hay tal porfía?
Mi habitación es sagrada.
JULIANA. ¿No he de dar una escobada
donde hay tanta porquería?
TIMOTEO. ¿Qué importa? No lo consiento,
no lo sufro; y si te atreves...
JULIANA. Pero...
TIMOTEO. En tus manos aleves
va a morir mi nacimiento.
A tal ruina, a tal estrago,
ya no hay paciencia que baste.
Ayer rompiste o quebraste
mi Baltasar, mi rey mago.
Hoy, con los zorros fatales,
me has hecho trozos, añicos,
dos pastores con pellicos,
o si se quiere, zagales.
JULIANA. Pero, señor...
AGAPITO. Lindamente.
Primoroso va el tejido.
TIMOTEO. Reniego de tu barrido.
JULIANA. *(Entre dientes.)*
¡Vejestorio impertinente!
TIMOTEO. ¿Qué dices de vejestorio?

(Se acerca, Juliana arregla los muebles.)

JULIANA. Yo...
TIMOTEO. Mira que si me irrito.
¿Qué hace usted, don Agapito?
AGAPITO. Nada: un cordón de abalorio.
MARCELA. Agapito es muy amable.
AGAPITO. Sabe usted cuál se desvela
por complacer a Marcela
mi amistad inalterable.
Prosigo, pues, mi cordón
mientras ella se ejercita
en su petaca da pita.
JULIANA. (¡Qué enfadoso maricón!)
TIMOTEO. Según parece, es de moda
esa labor o tarea
entre las damas, o sea...
Pero di, ¿no te incomoda
esa mano de mortero
en la tuya delicada?
¡Qué moda tan desairada!
No llega al mes de febrero.
MARCELA. En algo se ha de pasar
el tiempo.
AGAPITO. Esa bagatela
es del gusto de Marcela.
MARCELA. Mejor es esto que holgar.
AGAPITO. Y yo diré en todas partes
que es obra muy singular,
y que la debe premiar
el Conservatorio de Artes.
MARCELA. Alabanza lisonjera,
digna de un joven tan fino
como usted.
TIMOTEO. ¡Oh! Mi vecino
sabe muy bien la manera,
el modo y forma de hacer
a a una dama cumplimientos;
es decir...

(Se levanta, y Don Agapito también.)

MARCELA. En sus acentos
es muy fácil conocer
su educación esmerada.
TIMOTEO. ¡Oh! Es un joven, un mancebo,
que puedo decir, me atrevo
a afirmar..., y nunca errada
me salió una profecía,
me atrevo a pronosticar
que le harán mucho lugar
las damas.
MARCELA. Su bizarría,
su trato afable y cortés,
su gusto para cantar,
su destreza en el bordar
y la gracia de sus pies
cuando baila un rigodón,
son prendas que sin empeño
bastan para hacerle dueño
del más yerto corazón.
AGAPITO. ¡Oh señora! ¡Qué rubor!
Me confunde usted. Ya veo.
MARCELA. Como lo digo lo creo.
AGAPITO. (Ciega está por mí de amor.)
MARCELA. Su contextura es endeble,
pero...
AGAPITO. Sí, soy delicado.
MARCELA. Ya se ve; niño mimado...
JULIANA. (¡Que no conozca este mueble
que se están mofando de él!)
MARCELA. Mas la gordura, el color...,
son de mal tono. ¡Qué horror!
No es de elegante doncel
presumir de pantorrillas
como un ganapán, un bruto.
¡Qué bello es un rostro enjuto
abismado en las patillas!
Ni sobre cuello macizo

arman bien los corbatines,
ni se pintan figurines
para un mancebo rollizo.
Rostro sano y carrilludo
propio es de gente ordinaria.
¡Qué feo al cantar un *aria*
o lanzando un estornudo!
¡Qué mal, sobre alfombra turca,
quien tiene recios jamones;
qué mal mueve los talones
para bailar la *mazurca!*
¿Qué vale la corpulencia?
El hombre alto, mocetón,
parece sauce llorón
cuando hace una reverencia.
Aunque escritores morales,
viendo a un hombre encanijado
clamen: ¡Fatal resultado
de las costumbres actuales!
Puesto que el hombre no es bueno,
le prefiero chiquitín;
que en pequeño vaso al fin
no cabe mucho veneno.
De gigantesca figura
huye amor como del bu.
Vamos; valen un Perú
los hombres en miniatura.

AGAPITO. ¡Ah, que es celestial consuelo
el gustar a tal belleza!
Tome usted: tanta fineza
bien merece un caramelo.
Ah, también una pastilla
menos dulce que esa boca.

JULIANA. (¡Tonto! A risa me provoca.)

AGAPITO. Tiene esencia de vainilla.

(A Don Timoteo y a Juliana.)

Vaya unos caramelitos.

TIMOTEO. Gracias.

AGAPITO. Son pura ambrosía.
TIMOTEO. ¿Y de qué confitería?
AGAPITO. Calle de Majaderitos.
MARCELA. Como usted... es parroquiano,
le servirán...
AGAPITO. De rodillas.
Ahí tiene usté; esas pastillas
son las que gasta el *soprano.*
TIMOTEO. ¡Eh! Yo os dejo ventilar,
discutir tan grave asunto.
Por mi parte, he dado punto,
y me subo al palomar.
Allí me hechizo, me encanto,
y se me pasan las horas
muertas. ¡Son tan criadoras!...
Quiero decir, ¡ponen tanto!...
Yo no paro, no sosiego
hasa pasar mi revista.
Conque, abur; hasta la vista;
hasta después; hasta luego.

ESCENA II

MARCELA, DON AGAPITO y JULIANA.

AGAPITO. ¿Vuelve usted a su peteca?
MARCELA. No. La cabeza me duele.
AGAPITO. Jaqueca. Quitarse suele
con parches de tacamaca.
¿Se los quiere usted poner?
Bueno será. En dos instantes
iré a casa de Collantes...
MARCELA. ¿Para qué? No es menester.
En tomando el aire un poco...
Bajaremos al jardín.
AGAPITO. (Ya triunfé de don Martín.
Mía es Marcela. ¡Estoy loco!)
El brazo.

(Se le da Marcela.)

JULIANA. (Ya está tan hueco.)
AGAPITO. La sombrilla. ¡Bravo, bravo!

(La toma de Juliana.)

Allons? (Mi ventura alabo.)
MARCELA. (Me divierte este muñeco.)

ESCENA III

JULIANA.

Sola estoy, y esta pereza...
Vamos, el viento del Sur
me desalienta. Tenía
que arreglar el *canezú*
de la señorita; pero
para trabajar en tul
no estoy ahora. ¿Y qué haré?
¿Murmurar? El avestruz
de Juanillo no está en casa;
Bonifacio es un gandul;
la cocinera... ¡Ah! Gertrudis,
que ayer vino de Gallur,
y ahí en la casa de al lado
sirve a don Pedro Eguiluz...
Sí, sí. ¡Qué buena muchacha!
Y yo no la he dicho aún...

(Asomada a una ventana.)

¡Paisana! ¡Gertrudis! ¡Hola!
Ya viene. Tal cual; ¿y tú?

(Se supone que la hablan desde otra ventana.)

Me alegro.—¿Sí? Ganas poco.
Yo cuatro duros y algún
regalillo, porque mi ama,
Dios la dé mucha salud,
es generosa y me quiere;
así tengo yo un baúl
que da gozo. Te aseguro
que mi eterna gratitud...
Su tío don Timoteo
es un pedazo de atún,
cominero, impertinente...
¡Qué lástima de ataúd!
Tan plomo para explicarse,
que cuando dice *según*,
si detrás no va el *conforme*,
no está contento. ¡Jesús!
Y luego me da una guerra
con su palomar, con su...
Vamos; bien dijo quien dijo
que el servir es mucha cruz.
Mi ama, como viuda y rica,
goza de su juventud;
¡oh!, pero con juicio, aunque esto
no es hoy día muy común.
No la faltan aspirantes;
pero ella, sea virtud,
sea orgullo, o lo que fuere,
no se ha decidido aún
por ninguno. Hay un poeta
que la mira de trasluz,
suspira, gime, se arroba,
y no pronuncia una *q*.
Reverso de su medalla
es un compadre andaluz,
capitán de artillería,
que lo mismo es entrar, ¡pum!,
estalló la bomba. Aquélla
no es boca, no, que es obús.
El tercero..., ¡y cuál me aburre

su terca solicitud!,
es un fatuo, un botarate,
posdata de hombre; el *non plus*
del lechuguinismo; enclenque,
Periquito entre ellas... ¡Puf!
¡Qué peste! Siempre moneando,
siempre cantando el *Miu piú,*
siempre hablando de piruetas,
y del solo, y de la *pul...*
Hombre que iría al Japón
por bailar un padedú;
y siempre con golosinas...
¡Así está él que no echa luz!
Y dale con si el peinado
ha de llevar marabús,
y si es color más de moda
el de hortensia que el azul;
si el corsé... Mas viene gente.
Ya nos veremos. Abur.

ESCENA IV

JULIANA y DON AMADEO.

AMADEO. Julianita, Dios te guarde.
JULIANA. ¡Oh, señor don Amadeo!
AMADEO. ¿Y tu ama?
JULIANA. Salió a paseo.
AMADEO. ¡Que siempre venga yo tarde!
JULIANA. Ahí está don Timoteo.
AMADEO. Mi corazón sólo anhela
ver a la hermosa Marcela;
y no viéndola mi amor,
ese prosaico señor
me cansa, no me consuela.
JULIANA. Puede que lejos no esté...
AMADEO. ¿Quién?
JULIANA. Mi ama.

AMADEO. Dímelo. Iré...
JULIANA. En cuatro saltos...
AMADEO. Al fin,
¿no me dirás dónde fue?
Habla.
JULIANA. Ha bajado al jardín.
AMADEO. ¿Al jardín? Tú, según creo,
te burlas de un afligido.
No dijiste...
JULIANA. Que a paseo
salió. ¿Y en esto he mentido
al señor don Amadeo?
AMADEO. No, mas tu chanza enfadosa
el tiempo me hace perder.
¡Oh Marcela! ¡Oh prenda hermosa!
Vuelvo al jardín. ¡Oh placer!
¿Hay suerte más venturosa?
Allí, entre el verde arrayán,
la diré mi tierno afán,
y que enamorado, muerto...
¿Está sola?
JULIANA. No por cierto,
que la acompaña un galán.
AMADEO. ¡Ah!
JULIANA. (Se quedó tamañito.)
AMADEO. ¡Ingrata y fatal mujer!
JULIANA. ¡Oh! No es tan grave delito.
AMADEO. ¿Y quién pudo merecer...?
JULIANA. El señor don Agapito.
AMADEO. ¿Don Agapito? Ese mono...
No le temo; le desprecio;
mas al pesar me abandono
al ver que me estorba un necio
dicha que tanto ambiciono.
JULIANA. Grande es, sin duda, el amor
que le inspira a usted mi ama.
AMADEO. Sí, mas ni un solo favor
paga mi amorosa llama
y moriré de dolor.

¿Quién al mirarla tan bella,
quién no se abrasa de amores?
¿Quién no delira por ella?
Envidia tengo a las flores
que están besando su huella.
Envidia al aire sutil
que en torno juega lascivo
de su cabello gentil,
y al ruiseñor que festivo
la canta diosa de abril.
Y a la fuente cristalina
que murmurando la llama,
y en la enramada vecina
envidia tengo a la grama
si en ella, ¡ay Dios!, se reclina.
Envidio al rojo clavel
que la ofrece su carmín,
envidio a todo el vergel...,
y a don Agapito, en fin,
porque le acompaña en él.

JULIANA. ¡Qué relación tan discreta,
y cómo huele a azahar,
a tomillo y a violeta!
Para eso de enamorar
no hay hombre como un poeta.
¡Bien haya su boca amén,
que con elocuencia tal
pinta el favor y el desdén!
Ellos suelen sentir mal,
¡pero lo dicen tan bien!

AMADEO. ¡Ah!

JULIANA. Mas mi señora bella,
¿por qué cuando está presente
esos labios siempre sella?
¡Conmigo tan elocuente,
y tan cartujo con ella!
Declare usted su pasión,
porque mentales amores
ya de este siglo no son.

AMADEO. Yo temo que sus rigores...
JULIANA. ¡Eh! No es tan fiero el león.
Es preciso ser más franco.
Ser cobarde con las damas
es querer quedarse en blanco.
No se ande usted por las ramas.
Herrar o quitar el banco.
AMADEO. A un desaire, lo confieso,
prefiero una enfermedad,
y aunque la amo con exceso...
JULIANA. ¡Hola! Vence, según eso,
al amor la vanidad.
AMADEO. Si Julianita quisiera,
pues tan tímido nací,
y es de mi bien camarera...
JULIANA. ¿Qué?
AMADEO. Sé tú mi medianera.
JULIANA. ¡Yo!
AMADEO. Declárate por mí.
Yo te ruego...
JULIANA. ¡Bueno es esto!
Pues qué, ¿no tiene usted lengua!
O por ventura mi gesto...
AMADEO. ¡Oh! No lo tengas a mengua,
que mi amor es puro, honesto.
¡Ah! Si venzo sus desvíos...
JULIANA. En mi vida me he mezclado
en ajenos amoríos
porque el tiempo me ha faltado
para ocuparme en los míos.
Pero, en fin, por compasión,
aunque repruebo el oficio,
ofrezco mi intercesión.
AMADEO. ¡Oh dicha! A tal beneficio
no hay humano galardón.
Si fueses tú camarera
de las que andan por ahí,
dinero y joyas te diera;
mas veo prendas en ti

superiores a tu esfera
Tu talento es sin igual,
y mi pluma no profano...
Sí, voy a escribirte ufano
el más lindo madrigal
que se ha escrito en castellano.

JULIANA. ¡Pues! Dádiva de poeta.
¿Y con esa fruslería
me paga usted la estafeta?

AMADEO. ¡Oh! La dulce poesía...

JULIANA. ¡Buen dinero es la gaceta!
Aunque tenga yo talento,
y guste de madrigales,
perdone usted si no miento,
daría por veinte reales,
no un madrigal, sino ciento.
Yo agradeciera, no obstante,
tal honor, fineza tal,
oh caballero galante,
si envuelto en el madrigal
me diera usted un diamante.

AMADEO. ¡Oh Pimpleas! No escuchéis
tan horrorosa blasfemia.
Huid, ¡oh Musas!, ¿qué hacéis?,
y hasta Rusia no paréis,
aunque os coja la epidemia.
¡Que tú discreta te llames,
tú, que en el alma cobijas
pensamientos tan infames!

JULIANA. Pues yo...

AMADEO. Calla; no me aflijas.
«*¡Oh auri, auri sacra fames!*»

(Da una moneda a Juliana.)

Toma, pues dinero quieres,
y perteneces, mezquina,
al vulgo de las mujeres.
Mayor será la propina

si son celo me sirvieres,
ya que por raro portento,
cuando las Musas están
en tan triste abatimiento,
no me pudro en un desván
descamisado y hambriento.
Toma, que la dulce lira
sólo consagro a la hermosa
por quien el alma suspira,
no a fámula codiciosa,
que sólo tedio me inspira.
¡Ah! Perdona. Loco estoy.
No te enojes.

JULIANA. Bagatela.
Tan quisquillosa no soy.

AMADEO. Hazme dueño de Marcela,
y cuanto quieras te doy.

JULIANA. ¿No baja usted al jardín?

AMADEO. No, que me siento con vena,
y quiero a mi serafín
hacer una cantilena.
Abreme su camarín.

JULIANA. Vaya usted, que abierto está.

AMADEO. *(Distraído.)*
Voy, voy. La primera estrofa...

(Se retira gesticulando, como quien compone versos.)

JULIANA. La cabeza perderá,
y luego si una se mofa...

ESCENA V

JULIANA y DON MARTÍN.

MARTÍN. ¡Oh Juliana! ¿Cómo va?

JULIANA. (Otro loco rematado.)
Muy bien, señor don Martín.

MARTÍN. Mucho de verte me agrado.
Desde Cádiz a Pekín
no hay un cuerpo más salado.
JULIANA. Es favor que...
MARTÍN. No, mujer.
Y ese color... ¡Cosa rara!
Y el cutis... No hay más que ver.
Hoy has estrenado cara.
JULIANA. ¡Yo!
MARTÍN. No es ésa la de ayer.
A fe mía, Julianita,
si no me hubieran flechado
los ojos de la viudita...
¡Ah! Pero aún no he preguntado
por tu bella señorita.
¿Salió ya del tocador?
¡Que un hombre de mi calibre
esté perdido de amor!
Y ella independiente, libre,
fresca, tranquila... ¡Qué horror!
¿Qué hace el viejo estrafalario?
¿Recompone el nacimiento,
o le echa alpiste al canario?
Hoy pasó mi regimiento
revista de comisario.
La vida de un militar
es vida perra, Juliana.
Suena el clarín. ¡A montar,
y por tarde y por mañana!
Es cosa de reventar.
Conque anda; sé diligente.
¿Puedo entrar? Pasa recado.
El vecino encanijado
ahí estará. ¡Vaya un ente!
Ya me tiene estomagado.
¿No respondes? Tú estás lela.
JULIANA. ¡Si usted no me deja hablar!
MARTÍN. Vamos ¿adónde está Marcela?
JULIANA. Ha bajado a pasear.

MARTÍN. ¿Al Prado? ¿En la carretela?
JULIANA. No. Al jardín.
MARTÍN. ¿Con el pelmazo
de su tío?
JULIANA. No, señor.
Bajó...
MARTÍN. Terrible embarazo
es un viejo... ¡Ah! Ven, primor;
te quiero dar un abrazo.
JULIANA. ¡Eh! ¿Qué hace usted?
MARTÍN. No hay escape.
Vamos, si al fin ha de ser,
¿de qué sirve?... ¡Ay, mona!...

(Va a abrazarla, y Juliana, encogiendo el cuerpo, se le huye, y le deja con los brazos abiertos.)

JULIANA. ¡Zape!

ESCENA VI

DON MARTÍN.

MARTÍN. Se escapó. ¡Cómo ha de ser!
Pero como yo la atrape...
Ea, vamos al jardín...
Mas, ¿quién sube? ¡Hola! Es la viuda,
y el enfadoso arlequín
la acompaña; sí, no hay duda.
¡Formidable paladín!

ESCENA VII

MARCELA, DON MARTÍN y DON AGAPITO.

MARCELA. ¿Usted por aquí, mi amigo?
Muy buenos días.

MARTÍN. Estoy
a los pies de usted, señora.
AGAPITO. Saludo a usted...
MARTÍN. Servidor.

(Se sienta Marcela, y enseguida Don Martín a la derecha y Don Agapito a la izquierda.)

MARCELA. Hoy hace un día admirable.
AGAPITO. Casi, casi, pica el sol.
MARTÍN. Se equivoca usted, no pica.
AGAPITO. A mí, sí.
MARTÍN. Pues a mí no.
AGAPITO. Eso va en naturalezas.

(Don Martín habla al oído con Marcela.)

Yo tengo una complexión...
Vaya una pastilla...

(Se la presenta.)

MARCELA. *(Aparte con Don Martín.)*
Usted
se burla. Sé que no soy
ningún monstruo...
AGAPITO. Una pastilla
MARCELA. Pero el cielo no me dio
las gracias que usted pondera.
MARTÍN. Pues no es exageración.
Esos ojos, esa boca
son obra del mismo amor.
Modestia sin sosería,
gracia sin afectación...
Y luego habrá quien alabe
las bellezas de Moscú,
de París, de Filadelfia,
de Edimburgo, del Japón...
¡Eh! No hay nada comparable
con el gracejo español,
con ese garbo, ese brío...
En la boca de un cañón

me vea yo si... ¿Qué es eso?

(Tropieza con su brazo en el de Don Agapito, que seguía ofreciéndole su pastilla.)

AGAPITO. Una pastilla...
MARTÍN. ¡Eh! No soy
amigo de golosinas.
AGAPITO. Suavizan mucho el pulmón.
MARTÍN. *(Gritando.)*
Si yo lo tengo de hierro,
¿qué diablos?... ¡Pues como soy
que me gusta la fineza!
AGAPITO. ¿Las quiere usted de licor?

(Don Martín sigue hablando aparte con Marcela.)

Aquí he de tener algunas
de marrasquino, de ron...
MARCELA. ¡Dejaría usted de ser
andaluz! En fin, le doy
mil gracias por la lisonja.
MARTÍN. Lo digo de corazón.
Si no lo sintiera así,
no dude usted que...
MARCELA. Mejor.
Así lo agradezco más.
Tengo una satisfacción
en gustar a mis amigos.
Sabe usted cuán franca soy.
No me quiero parecer,
aquí para entre los dos,
a esas que arañan a un hombre
si las dicen una flor;
o bien frunciendo el hocico,
con amerengada voz,
clavando en tierra los ojos,
suelen responder: «Favor
que usted me hace. —¿Sí? ¿De veras?

—¡Para que lo crea yo!
—¡Eh! No diga usté esas cosas,
que me cubro de rubor.
¡Oh, qué malos son los hombres!
Vaya, calle usted, por Dios...»
Y nunca saben salir
de este mismo diapasón.

MARTÍN. Nunca he gustado de tontas.

AGAPITO. Algunas conozco yo
que, a fe mía...

MARCELA. El hombre fino,
de mundo, de educación,
es galante con las damas,
y, siempre que su pudor
no ofenda, si las requiebra,
cumple con su obligación.
Porque eso de si el *poplín*
es más de moda que el *gro;*
si recibió más aplausos
el contralto que el tenor:
«¿Se divierte usted? ¿Estuvo
muy concurrido el salón?...»,
son estériles recursos,
por más que entre col y col
se suela mezclar un poco
de amable murmuración.

AGAPITO. Ciertamente...

MARCELA. Ni a una dama
se le ha de hablar del Mogol,
de la guerra de los rusos,
de si vino el paquebot
de la Habana, de...

MARTÍN. A las bellas
se les debe hablar de amor.

AGAPITO. Y cuando más, de algún baile,
de alguna...

MARTÍN. *(A Marcela.)* Prendado estoy
de ese carácter amable.

AGAPITO. Marcelita... (Se acabó:
no me deja meter baza.

(Se levanta.)

¿Hay hombre más hablador?)

ESCENA VIII

MARCELA, DON MARTÍN, DON AMADEO y DON AGAPITO.

AMADEO. (¡Eh! Ya acabé mi letrilla.
Jamás Apolo...) Señora...

MARCELA. Beso a usted la mano.

MARTÍN. ¡Oh primo!
Pues señor, vuelvo a mi historia.

(Habla al oído con Marcela.)

AMADEO. (¡Ingrata! ¡Apenas me mira;
me saluda desdeñosa,
y habla con otro en secreto!
Yo no sé cómo soporta
tantos ultrajes mi amor.)

(Se pasea. Don Agapito, aburrido, se pone a trabajar en su cordón.)

MARCELA. ¡Que siempre ha de estar de broma
este don Martín!

AGAPITO. (*A Don Amadeo.*) Amigo,
poco favorable sopla
el viento para nosotros.
Don Martín es quien la logra.
Mire usted qué amartelado,
qué ufano está... No me importa.
Yo sé bien que si Marcela
de algún galán se enamora,
será de mí, porque al cabo
y al fin, aunque no me toca
alabarme... Ah, ¡qué ocurrencia!

¿Por qué no hace usté unas coplas
satíricas contra ese hombre
que tanto nos encocora?

AMADEO. No estoy para coplas.

AGAPITO. Pero...

AMADEO. Ni jamás contra personas
determinadas...

AGAPITO. No le hace.
La venganza es muy sabrosa.
Pero ya se ve, no siempre
las deidades de Helicona...
¿Y qué tiene usté entre manos
ahora?

AMADEO. Nada. (¡Qué mosca
es el hombre!)

AGAPITO. ¿Algún soneto
a los desdenes de Flora?
¿Algún agudo epigrama?
¿O bien algunas estrofas?...

AMADEO. ¡Hombre!...

AGAPITO. ¿O quizá algún poema
al céfiro y a la aurora?

AMADEO. No pienso...

AGAPITO. ¿Alguna elegía?
¿Alguna oda? ¡Oh! Las odas...

AMADEO. No, señor. Voy a escribir,
no con tinta, con ponzoña,
una sátira sangrienta
contra hombrecillos de alcorza,
que sólo tienen talento
para bailar la gavota;
que por un yerro de imprenta
son hombres y no son monas;
que huelen a majaderos
al través de tanto aroma;
que si España fuera Egipto,
pudieran pasar por momias;
que con su voz de falsete
los oídos me destrozan;

que con su extraña figura
siempre a risa me provocan;
que con sus gestos me pudren,
me empalagan con sus modas...,
y, en fin, con necias preguntas
me fastidian, me sofocan.

AGAPITO. Ya; pero eso ha de entenderse
con quien...

MARCELA. Doblemos la hoja,
don Martín, y guarde usted
para quien no le conozca
esas frases de cartilla.

MARTÍN. ¿Y por qué ha de ser lisonja,
y no...

MARCELA. ¡Por Dios, don Martín!
Mire usted que no soy tonta.

MARTÍN. (Otra será su respuesta
cuando me declare en forma.)

MARCELA. Amigo don Amadeo,
¿teme usted que se le coman?
Cómo así tan retirado?

AMADEO. Quien de prudente blasona,
señorita, se retira
si conoce que incomoda.

MARCELA. ¡A mí incomodarme usted!
Con decirlo me sonroja.
Don Martín me estaba hablando;
y como siempre es chistosa
su conversación...

MARTÍN. (Yo venzo.)

MARCELA. Me hacen gracia hasta las bolas
que suele ensartar.

MARTÍN. ¡Marcela!

MARCELA. Yo le oigo como una boba.
Ni era cosa de dejarle
con la palabra en la boca.

AGAPITO. ¡Sí; fácil es!

MARCELA. Yo no gusto
de insípidas ceremonias,

y trato con confianza
a mis amigos. Ahora
soy de usted.

AMADEO. (¡Oh dulces ojos!
¡Oh voz que el alma me roba!)
Marcelita...

MARCELA. ¿Piensa usted
publicar alguna obra
de su ingenio?

MARTÍN. Mal hará,
si no es alguna espantosa
novela donde haya espectros,
y violencias y mazmorras,
y almas en pena, y suicidios...,
y, en fin, eso que está en boga.
Sobre todo, gran cartel
con cada letra tan gorda,
y te haces hombre. Si aspiras
a merecer la corona
de escritor clásico puro;
si cuidas más de la gloria
que del dinero, ¡ay de ti!,
ningún cristiano te compra.

AMADEO. No me desvela el afán
de verme impreso. Es tan poca
la confianza que tengo
en mis versos...

MARCELA. Es muy propia
del verdadero saber
la modestia.

AMADEO. Usted me honra.
(¡Oh bella!)

MARCELA. Mas yo, que soy
su amiga y admiradora,
y por usted me intereso
tanto...

AMADEO. (¡Bien haya tu boca!)

MARCELA. Siento que versos tan lindos,
y que justamente elogian

sujetos de ciencia y gusto,
el público desconozca,
cuando hace gemir las prensas
tanta fementida copla.

AMADEO. (¡Ah!...) La aprobación de usted
es mi más satisfactoria
recompensa.

AGAPITO. (Estoy volado.)

MARTÍN. ¿De qué valen las cien trompas
de la fama? Quien merece
la aprobación de una hermosa...
Cuando voy yo a la cabeza
de mi veterana tropa,
y agitando el abanico
con sonrisa encantadora
alguna humana deidad
me saluda..., vaya, es cosa
de perder el juicio. Estando
mi escuadrón en Tarragona...
A propósito; hoy me ha escrito
el ayudante Mendoza.

(Se levanta Doña Marcela y todos menos Don Agapito.)

¡Qué buen muchacho! Se casa
por poderes en Daroca
con una... Don Agapito,
deje usted esa maniobra.
Qué diablo...

AGAPITO. Sí; ya la dejo,
que no estoy de humor. Las borlas
para mañana.

(Se levanta.)

ESCENA IX

MARCELA, DON AMADEO, DON MARTÍN, DON AGAPITO y DON TIMOTEO.

TIMOTEO. ¡Oh señores!
Tanta dicha, tanta honra...
MARTÍN. ¡Oh amigo mío!
TIMOTEO. Yo estaba
arriba con las palomas...
AMADEO. ¡Las tres!

(Va a tomar el sombrero, y lo mismo Don Agapito y Don Martín.)

TIMOTEO. ¿Dónde van ustedes?
Alto ahí, que quiero que coman
con nosotros.
AMADEO. Por mi parte...
TIMOTEO. ¡Cómo! Ninguno se oponga,
se resista a mi convite,
a mi obsequio. Juan, la sopa.
MARTÍN. Pero...

(*A la puerta.*)

TIMOTEO. No hay pero que valga.
No somos gente tan sobria,
tan frugal, que nuestra mesa
se asuste por tres personas,
por tres convidados más
o menos.
MARCELA. Soy muy gustosa
en que ustedes me acompañen.
MARTÍN. Acepto, pues.
TIMOTEO. Buena olla,
quiero decir, buen cocido
no ha de faltar; y unas ostras
que no se comen mejores

en la fonda de Perona.

AMADEO. Con mucho placer...

AGAPITO. No es justo
despreciar...

TIMOTEO. Sin ceremonia;
sin cumplimientos. No gusto
de etiquetas enfadosas.
Ea; al comedor conmigo.
¿Qué haces tú que no te apoyas
en un brazo?...

(Los tres se lo ofrecen, y Marcela toma el de Don Agapito, que está más cerca.)

¡Bravo! Adentro.

(Se lleva como a remolque a Don Martín y a Don Amadeo.)

MARTÍN. Maldito goloso...

ESCENA X

DON AGAPITO y MARCELA.

AGAPITO. (¡Hola!
Me prefiere.) Marcelita,
si usted a mal no lo toma,
después de comer quisiera...

MARCELA. ¿Qué?

AGAPITO. Hablar con usted a solas.

MARCELA. Muy bien. (¿Qué querrá decirme?)

AGAPITO. (¡Qué de finezas me otorga!
Si digo yo que mi amor
navega con viento en popa.)

ACTO SEGUNDO

ESCENA PRIMERA

MARCELA y JULIANA.

JULIANA. Pronto deja usted la mesa.
MARCELA. Ya han levantado el mantel:
no tienen por qué quejarse.
Les he servido el café,
y huyendo de los cigarros,
que maldiga Dios, amén,
aquí me vengo, Juliana.
JULIANA. Pero eso es mucha esquivez,
señorita. ¿Qué dirán
viendo que se aleja usted
tan pronto?
MARCELA. ¿Qué han de decir?
Que preciándome de ser
amiga suya, los trato
con franqueza.
JULIANA. Eso está bien.
El señor don Timoteo,
que habla él solo más que diez,
en punto a conversación
sabrá suplir, bien lo sé,
la falta de su sobrina;
pero, a mi corto entender,
motivos más halagüeños
harán sensible y cruel
esa retirada.
MARCELA. ¡Cómo!
Yo no te entiendo...

JULIANA. ¡Pues qué!
¿Mi señorita no sabe
que el invencible poder
de sus ojos hechiceros
cautivos tiene a los tres?
MARCELA. ¿Qué estás diciendo?
JULIANA. En verdad,
señora, no es menester
ser profeta para eso.
El amor luego se ve,
y en materias semejantes
es un lince la mujer.
MARCELA. Pues yo, que tal no he notado,
no lince, topo seré.
JULIANA. ¿Disimula usted conmigo?
Eso, señora, es hacer
agravio a mi discreción.
¿O desea usted tal vez
que la regale el oído?
MARCELA. No por cierto. ¿Pero quién
te ha contado esas patrañas?
En nuestro trato, ¿qué ves
sino una amistad sencilla?...
JULIANA. Me gusta la sencillez.
Digo a usted que están prendados
de esos hechizos. Lo sé
de buena tinta.
MARCELA. Confieso
que muy galantes los tres,
me suelen decir lisonjas,
que ni puedo reprender,
porque al fin las alabanzas
nunca se oyen con desdén,
ni les doy otro valor
que el debido al oropel
de cortesanas finezas.
Uno entre ellos suele ser
más pródigo de requiebros.
JULIANA. Don Martín, sin duda.

MARCELA. Pues;
pero yo le oigo, Juliana,
como quien oye llover,
porque es aquella cabeza
otra torre de Babel:
y tan pronto me enamora
diciendo que al rosicler
de la aurora dan envidia
mis ojos y que el clavel
no es más rojo que mis labios,
y cosas de este jaez
como me habla de un tordillo
que le envían de Jaén,
y del pienso, la parada,
la patrulla y el cuartel.
JULIANA. Pues crea usted...
MARCELA. Ahora dime:
¿no sería una sandez
el juzgarme yo querida,
solicitada por él?
Don Agapito me asedia,
y suele decir también
sus piropos; pero un hombre
que gasta todo su haber
en perfumes y en pastillas,
víctima de su corsé,
bailarín afeminado,
¿cómo es capaz de querer?
Resta el poeta, y tú sabes
que es la suma timidez
para con las damas. Puede
que por mí perdido, esté
de amor; y aun suele mirarme
con melosa languidez;
pero mientras no se explique,
mal le puedo comprender.
En fin, tiempo ha que me tratan
todos ellos. La viudez
me da cierta independencia:

mas, aunque a solas me ven,
de ninguno he recibido
hasta ahora ni papel,
ni declaración verbal
por donde pueda creer
que me aman. Los tres me estiman,
y si no fuera yo cortés
sin tan finas atenciones
me negase a agradecer.

JULIANA. Sin embargo, muchas veces,
mientras una no da pie,
callan los hombres, y... Vamos,
ya sabe usted que soy fiel.
Ese cuerpo ha dado a todos
flechazo; sí; yo doy fe.
Cuál de los tres ha logrado
inspirar más interés...

MARCELA. Vete, que don Agapito
quiere hablarme a solas.

JULIANA. ¿Eh?
¿Qué tal?

MARCELA. Y aquí viene.

JULIANA. Pronto
le verá usted a sus pies,
tierno, rendido...

MARCELA. ¡Bobada!
Algún nuevo *balancé*
querrá enseñarme, o quizá...

JULIANA. Ello presto se ha de ver.
Yo me voy. (Ya por el pronto
cayó en el anzuelo un pez.)

ESCENA II

MARCELA y DON AGAPITO.

AGAPITO. Ahora, bella Marcelita,
que no está aquí el artillero,
y sobre mesa el coplero

no sé si duerme o medita:
pues sola oírme ha querido,
colmándome de bondades,
voy a usar de mi licencia.
Prepare usted el oído...

MARCELA. (Para escuchar necedades.
¡Paciencia!)

AGAPITO. No es por vanidad; nací,
señora, con tal estrella,
que apenas hay una bella
que no delire por mí.
Yo las dejo suspirar,
y prendido en otra red
las miro con menosprecio,
que a todas no puedo amar,
y mi alma...

MARCELA. Prosiga usted.
(¡Qué necio!)

AGAPITO. Ya prosigo. El alma mía
sola usted ha cautivado,
y a la de usted se ha ligado
por secreta simpatía.
No es dura roca Marcela,
no es insensible diamante
al tierno amor que me inspira.
Sé que por mí se desvela:
me lo prueba a cada instante...

MARCELA. (Mentira.)
Permita usted...

AGAPITO. Seré breve.
Pero sus ojos fatales
alientan a mis rivales,
y esta conducta es aleve.
Fijo yo en su corazón,
poco me debe afligir
algún amor transeúnte.

MARCELA. Pero, qué demostración...

AGAPITO. Déjeme usted concluir.

MARCELA. (¡Qué apunte!)

AGAPITO. Si a solas está conmigo,
su sonrisa encantadora
me prueba..., pues, como ahora,

(Se ríe Marcela.)

que soy su más dulce amigo;
mas si viene el atronado
de don Martín..., ¡fuego en él!,
o el mustio don Amadeo,
hago yo siempre a su lado
un ridículo papel.

MARCELA. (Lo creo.)

AGAPITO. Pretendo, pues, y ya es hora,
que ese labio lisonjero
ponga fin con un *te quiero*
al ansia que me devora.

(Viene Don Amadeo. Marcela le sale al encuentro, y hablan aparte.)

Entonces, si gloria tanta
que mi ventura completa
me disputa un temerario...
¡Calla! ¡Esta es buena! Me planta
para hablar con el poeta.
¡Canario!

ESCENA III

MARCELA, DON AGAPITO y DON AMADEO.

MARCELA. *(Aparte con Don Amadeo.)*
No, no me lo niegue usted;
ocioso es que disimule.
¡Si Juliana me lo ha dicho!

AGAPITO. (Merece quien esto sufre...
Pero no; estará picada,
y darme celos presume.)

AMADEO. Estaba solo. Sentía
inspiraciones del numen,
y una letrilla amorosa
por pasatiempo compuse;
pero está tan incorrecta...
AGAPITO. (Si me ve con pesadumbre
logra su objeto.)
MARCELA. ¿Qué importa?
No es razón que se sepulte
en el olvido. Veamos.
AMADEO. Bien: con tal que no la escuche
don Agapito...
MARCELA. ¿Y por qué?
AMADEO. No temo a una mala nube
tanto como a un necio.
AGAPITO. (¡Oh! Sí;
aunque se finge voluble,
ella me ama. Lleva a mal
que sin motivo la acuse...
Bien puedo yo ser su amante
sin exigir que renuncie
a tener amigos.)
MARCELA. Bien;
pues yo haré que desocupe
el puesto. Don Agapito.

(Se acerca a él.)

AGAPITO. (¡Miren qué pronto sucumbe!)
MARCELA. Quisiera... Perdone usted.
AGAPITO. (¿No digo?)
MARCELA. Mandar por dulces...
AGAPITO. Aun he de tener pastillas
aquí... Mas ¡son tan comunes!
Usted prefiere bombones;
¿no es cierto?
MARCELA. Lo que usted guste.
(Yo no los he de probar.)
AGAPITO. No sé si en casa de Núñez

los habrá. Si no los tiene,
yo veré en «Los Andaluces»...

MARCELA. No, yo mandaré a Juanillo...

AGAPITO. ¡Qué! Si ese hombre es tan inútil...

MARCELA. Es verdad. Bien, vaya usted:
mejor será.

AGAPITO. Me confunde
tanta bondad. Voy volando.
(Ya no es posible que dude
de su amor. Para que hiciera
tal distinción de ese fútil
poetilla, o del insigne
don Martín. ¡Ah! ¡Cuál me bulle
el corazón de alegría1
¡Digo a ustedes que se lucen,
señores míos!) Supongo

(A Marcela con misterio, y haciendo el interesante.)

que...

MARCELA. Ya...

(Riéndose.)

AGAPITO. Bien, bien; pero urge...

MARCELA. Sí...

AGAPITO. *(Muy satisfecho.)*
Basta, basta. (Lo más
que resiste es hasta el lunes.)

ESCENA IV

DON AMADEO y MARCELA.

MARCELA. (Habrá títere más...) Vamos;
ya nadie nos interrumpe.
Lea usted esa letrilla.

AMADEO. Será fácil que me turbe.
Léala usted, si merezco
tanta dicha, y me disculpe
la ruego mi libertad.

MARCELA. (Temblando está.)
AMADEO. (Amor me ayude.)
MARCELA. *(Lee.)*
Letrilla a Laura.
AMADEO. (No sangre;
hielo por mis venas cunde.)
MARCELA. *(Lee.)*

«Mis ojos, que admiran
tu talle gentil,
y a los tuyos piden
cadena feliz,
y ven en tus labios
las gracias reír,
contino te dicen
que muero por ti.

Si veo a tu mano,
que envidia el marfil,
del arpa divina
las cuerdas herir,
mi dulce embeleso,
mi gozo sin fin
te dicen, oh Laura,
que muero por ti.

Tú ves abrasado
mi pecho latir
des que Amor me hiere
con dardo sutil.
Mis hondos gemidos,
mi llanto infeliz
te dicen sin tregua
que muero por ti.

Erato desdeña
mi plectro regir
si no es que te canto
gloria de Madrid,
y en versos que aspiran
a eterno buril,
oh Laura, te juro
que muero por ti.

Cautivo en sus ojos
me consumo así,
cual roto y perdido
capullo de abril.
Tú me ves, oh Laura,
penando morir,
y quizá no sabes
que muero por ti.
Ya es vano el silencio.
Yo te adoro, sí.
Por ti me atormentan
mil penas y mil.
Si airada la tumba
me quieres abrir...,
no ignores al menos
que muero por ti.»
¡Oh qué preciosa canción!
(¿Seré yo esta Laura bella?)

AMADEO. Si hay algún mérito en ella,
es todo del corazón.

MARCELA. No se llame sin ventura
quien maneja así la lira;
ni la belleza que inspira
tanto amor, tanta ternura.

AMADEO. ¡Ah! Sí...

MARCELA. Nombre imaginario
Laura, sin duda, será,
que los poetas allá
tienen otro calendario.
Y la razón es muy llana:
¿quién en los versos tolera
a una Blasa, a una Sotera,
Jerónima o Sinforiana?
¿Y tanta es la perfección
de esa Laura? ¿Ha sido fiel
el poético pincel?
¿No ha habido exageración?

AMADEO. *(Con entusiasmo.)*
Es de las gracias modelo;

la formaron los amores;
sus ojos encantadores
robaron la luz al cielo;
flores nacen donde pisa...

MARCELA. *(Remedándole.)*
Su dulce voz enajena,
y las almas encadena
con su hechicera sonrisa;
su boca es fragante rosa
de Chipre... o de Jericó.
¿Piensa usted que no sé yo
cómo se pinta a una hermosa?

AMADEO. (Se burla. No me declaro.)

MARCELA. (¿Tendrá Juliana razón?)
¿Pero quién, en conclusión,
es ese portento raro?

AMADEO. No seré yo quien le nombre.

MARCELA. ¿Es delito, por ventura,
el adorarla?

AMADEO. Es locura.

MARCELA. ¡Locura! ¿Eso dice un hombre?
¿Es de áspera condición?

AMADEO. No, que su agrado enamora.

MARCELA. ¿Es casada?

AMADEO. No, señora.
Más honesta es mi pasión.

MARCELA. (Yo de mi duda saldré.)
¿Es amiga mía?

AMADEO. Sí.

MARCELA. ¿Vive muy lejos de aquí?

AMADEO. No.

MARCELA. ¿Quiere a otro?

AMADEO. No sé.

MARCELA. ¿Hoy la habrá usted visto?

AMADEO. Ya.

MARCELA. ¿Puso mala cara?

AMADEO. No.

MARCELA. ¿Le ha dado a usted celos?

AMADEO. ¡Oh!

MARCELA. ¿Le ha hecho a usted preguntas?
AMADEO. ¡Ah!
MARCELA. ¡Qué lacónico es usté!
Vaya, tome su canción,
y a la primera ocasión...
AMADEO. ¡Ah! Ya es inútil.
MARCELA. ¿Por qué?
AMADEO. Porque su rigor me hiela.
MARCELA. Cualquiera de esto se halaga;
y si tanto amor no paga,
lo agradecerá...
AMADEO. ¡Marcela!
MARCELA. Tome usted sus versos.
AMADEO. ¡Oh!
MARCELA. ¡Dale con tanto gemir!
Acabe usted de decir
que soy esa Laura yo.
AMADEO. *(Turbado.)*
¡Ah! Si... mi... la...
MARCELA. *(Riéndose.)*
Si... mi... la...
¿Me enseña usted el solfeo?
AMADEO. (Perdido soy. Bien lo veo.)
MARCELA. (Lástima y risa me da.)
Vaya; hable usted con franqueza,
monosílabo señor.
¿Soy yo causa de su amor?
AMADEO. ¡Oh desventura! ¡Oh flaqueza!
MARCELA. De nada me maravillo;
y...
AMADEO. ¡Dura fuerza del hado!
MARCELA. Vaya, hable usted, o me enfado.
AMADEO. ¡Ay, Marcela!
MARCELA. ¡Ay, tabardillo!
AMADEO. ¿Conque al fin he de romper
mi silencio?
MARCELA. Sí; ya es hora.
AMADEO. Pues la que mi pecho adora...
MARCELA. Ya no lo quiero saber.

AMADEO. ¡Ah!

(Se deja caer sobre una silla.)

ESCENA V

DON AMADEO, MARCELA y DON MARTÍN.

MARTÍN. Gracias al cielo doy,
que al fin ya libre me veo...
MARCELA. ¿De quién?
MARTÍN. De don Timoteo.
Bufando de rabia estoy.
MARCELA. ¿Pues cómo?...
MARTÍN. ¡Malditos sean
sus sinónimos eternos!
Hay hombres de los infiernos
que cuando hablan aporrean.
No acabara en quince días
a no hacerle yo acostar;
y vuelta a su palomar;
y torna a sus profecías;
y retorna al nacimiento...
¡Digo! Pues tenía traza
de dejarme meter baza.
¡Oh, qué hablador tan sangriento!
Aquello era por demás.
Hija, ¡qué nube, qué nube!
Intención mil veces tuve
de enviarle a Satanás.
No lo puedo resistir:
me desesperan, me endiablan
esos hombres que hablan, y hablan
sin respirar ni escupir.
Sirve en mi cuerpo un alférez
que es hablador furibundo,
y se llama don Facundo
Valentín Pérez y Pérez.
No hay poder hablar con él.

¡Sí, sí, facilito es eso!
En soltando la sin hueso
a ninguno da cuartel.
Un día se puso a hablar
conmigo: yo le quería
interrumpir. ¡Bobería!
Sintió que iba a estornudar.
En tan crítico momento,
¿qué hace? La boca me tapa,
el estornudo se escapa,
y prosigue con su cuento.
¡Digo! Esto es ser hablador.
Pues con tanta algarabía,
por cartujo pasaría
al lado de ese señor.
Es mucha, mucha crueldad.
Válgame Dios, ¡qué carcoma!...
No lo tome usted a broma:
eso es una enfermedad.
Vamos; aun me dan sudores.
¡Qué suplicio! ¡Qué agonía!
¡Jesús! ¡Mala pulmonía
en todos los habladores!

MARCELA. Cuente con la maldición.

MARTÍN. Pues qué, ¿me puede alcanzar?

MARCELA. No; a usted, no, que es para hablar
la suma moderación.
Más, ¡oh prodigio admirable!,
en el próximo aposento
a usted le ha dado tormento
un hablador perdurable.
Pues véame usted; yo sudo
de fatiga y de pesar,
porque acabo de lidiar
con un sempiterno mudo.

MARTÍN. ¡Mudo! Y quién...

AMADEO. ¡Abrete, abismo!

MARTÍN. ¡Calla! ¿No es mi primo aquél?
Diga usted, Marcela; ¿es él

ese mudo?

AMADEO. ¡Ay, Dios!

MARCELA. El mismo.

Nunca gusté de llorones.
¿Dónde hay cosa más molesta
que oír sólo por respuesta
suspiros e interjecciones?

MARTÍN. Pero ¿cuál es tu quebranto?
Amigos somos los dos.
Habla; di...

AMADEO. ¡Pluguiera a Dios
que no hubiese hablado tanto!

MARCELA. Amor le saca de tino;
mas no sé quién le avasalla.
Si se lo pregunto, calla;
solloza si lo adivino.
Y por cierto que hace mal,
y procede como necio,
que de sensible me precio,
si no de sentimental.
Siento los males ajenos:
soy su amiga verdadera,
y satisfacer debiera
mi curiosidad al menos.
Pero si tanto le halaga
dentro del pecho su pena,
guárdesela enhorabuena
y buen provecho le haga.

AMADEO. Yo...

MARTÍN. ¡Quita allá, que eso es mengua!
¡Nada! A salir del barranco.
A bien que yo soy más franco:
no me morderé la lengua.
Yo no soy nada hablador,
que de prudente me paso;
pero, cuando viene al caso,
hablo más que un sangrador.
Precisamente deseo
ahora más que nunca hablar:

¡tal dieta me ha hecho pasar
el señor don Timoteo!
Ya que usted me da licencia,
y puesto que el dios vendado
al más lego, al más callado
da facundia y elocuencia,
basta, basta de tormento;
salga del pecho mi afán,
que estoy hecho un alquitrán,
y si no canto reviento.
No hay que dudar de mi fe
porque Dios me hizo soldado,
que Aquiles fue enamorado,
y Marte mismo lo fue.
No sirve contra Cupido
el vestir férrea coraza,
que, cual si fuera de estraza,
la taladra el fementido.
Harto he mostrado a mi dama,
celebrando su belleza,
la intensidad, la fiereza
de esta pasión que me inflama.
Ni Amadís, ni Beltenebros,
ni cuantos de amor bramaron,
a sus bellas regalaron
tantos, tan dulces requiebros;
mas temiendo sus enojos,
admiro mi cobardía,
no la he dicho todavía:
«Muerto me tienen tus ojos.»
Mis intenciones son rectas:
bien lo puede conocer;
pero está visto, es mujer
que no entiende de indirectas.
Yo con mi amor no la ultrajo,
porque al fin soy caballero.
Pues pecho al agua. ¿Qué espero?
Echemos por el atajo.

MARCELA. (¡Oh, qué exordio impertinente!)

MARTÍN. ¿Qué dice usted?
MARCELA. Nada digo.
Prosiga usted.
AMADEO. ¡Ah!
MARTÍN. Prosigo,
que ya he soltado el torrente.
Hay mujeres cuyo oficio
es barrenar corazones,
y con dulces ilusiones
sacar a un hombre de quicio.
Mujeres que a su pesar
son imán de los placeres,
y, en fin, señora, mujeres
que es forzoso idolatrar.
Graciosas, discretas, bellas,
y apacibles como el cielo,
¿cuál es el hombre de hielo
que no suspira por ellas?
Una entre todas domina,
como suele en los collados,
entre tomillos menguados,
descollar gigante encina.
Por ella estoy con el Credo
en la boca; y... no, no es chanza,
si no cumple mi esperanza,
dará conmigo en Toledo.
Si el hombre más insensible
la adora mal de su grado,
¿qué haré yo, desventurado?
¡Yo, que soy tan combustible!
Pues ese dulce martirio;
esa deidad de la tierra,
que me mueve tanta guerra,
que me infunde tal delirio;
ese apetecido bien;
esa suspirada aurora;
ese prodigio...

ESCENA VI

DON MARTÍN, MARCELA, DON AMADEO y JULIANA, que llega corriendo.

JULIANA. ¡Señora!
MARTÍN. Maldita seas, amén.
JULIANA. Venga usted, que hay novedad.
Yo estoy loca.
MARCELA. ¿Qué ha ocurrido?
JULIANA. Que Clitemnestra ha parido
con toda felicidad.
MARTÍN. ¡Clitemnestra!
JULIANA. ¡Pobrecita!
MARCELA. ¡Oh qué gozo! ¿Y cuántos?
JULIANA. Tres.
MARTÍN. ¿Se puede saber quién es?
JULIANA. ¿Quién ha de ser? La gatita.
Venga usted: el uno es negro;
otro tiene un collarín...
MARCELA. Perdone usted, don Martín.

(Se va corriendo.)

Vamos, vamos.

ESCENA VII

DON AMADEO y DON MARTÍN.

MARTÍN. ¡Pues me alegro!
¡Oh mujer aleve, ingrata!
¡Con la palabra en la boca
me deja como una loca
porque ha parido la gata!
AMADEO. ¡Oh cielo!
MARTÍN. ¡Tratarme así!
¡Si lo veo y no lo creo!
¿Qué dices de esto, Amadeo?
Responde.

AMADEO. ¡Triste de mí!
MARTÍN. ¡Quedamos lindas figuras
para adornar un retablo!
AMADEO. ¡Ay!
MARTÍN. Jeremías del diablo,
ya la paciencia me apuras.
¿De qué te quejas, maldito?
AMADEO. De mi desdicha.
MARTÍN. Si es tanta,
mala angina en tu garganta,
pon en las nubes el grito;
desahoga el corazón;
truena, y no con esa calma
te estés repudriendo el alma
con tanta lamentación.
En el café mucho hablar.
Vaya: ¿quién te pone tasa?,
y en entrando en esta casa
sólo sabes suspirar.
Levanta; deja de hacer

(Le hace levantar.)

en ese rincón el búho
y reneguemos a dúo
de esa funesta mujer.
Toma parte en mi rabieta,
y pues tanto me ultrajó,
llámala tú como yo,
frívola, falsa, veleta.
Por mucho que tú te asombres
de su garbo sin segundo,
di que Dios la ha echado al mundo
para acabar con los hombres.
Di conmigo, pues me mata:
«Mujer inicua y sin fe,
permita Dios que te dé
veinte arañazos la gata.»
AMADEO. No la haré yo tal agravio;

no tomaré tal venganza.
Sólo para su alabanza
osaré mover el labio.
Mientras con saña importuna
te quejas de su desvío,
yo la pondré, primo mío,
en los cuernos de la luna.
Diré que eclipsa la gloria
de Cleopatra, de Lucrecia,
y de aquella que en la Grecia
dejó perpetua memoria.
Diré que es cual otro Edén
aquel rostro afable, hermoso.
Diré que es grato y sabroso
hasta su mismo desdén.
Con tierna solicitud,
si tanto puede mi acento,
encomiaré su talento,
ensalzaré su virtud.
Diré que es dulce, sencilla,
cuerda, apacible, donosa;
y diré en verso y en prosa
que es la octava maravilla.

MARTÍN. ¡Qué fuego! ¡Qué ponderar!
Estoy de oírte pasmado.
O la viuda te ha flechado,
o yo no sé qué pensar.

AMADEO. ¡Ah! Sí, mi pecho la adora,
y en él su imagen grabada...

MARTÍN. ¡Mire usted con qué embajada
me sale el primito ahora!
Yo bien decía entre mí:
éste pisó mala yerba;
pero es tanta tu reserva...
Nunca obsequiarla te vi...
Yo atendía a mi negocio,
y con mi afán no advertía...
Pues escucha: juraría
que tenemos otro socio.

AMADEO. ¡Otro! ¿Y quién?
MARTÍN. Don Agapito.
AMADEO. Sí, pero en vano porfía.
MARTÍN. Querer a ese hombre sería
imperdonable delito;
bien lo conozco. No obstante,
como amor todo es chiripas...
AMADEO. ¡Qué! ¡Si da dolor de tripas
sólo el mirar su semblante!
Menospreciarle debemos,
porque a un bicho tan cuitado
le honraría demasiado...
MARTÍN. Calla, que aquí le tenemos.

ESCENA VIII

DON MARTÍN, DON AMADEO y DON AGAPITO, con un cucurucho de dulces.

AGAPITO. Todo Madrid he corrido
por traer de los mejores,
hasta que al fin... ¡Oh señores!
¿Y Marcela? ¿Dónde ha ido?

(Don Martín y Don Amadeo rodean a Don Agapito y le hablan con mucho misterio.)

MARTÍN. A una solemne función.
AGAPITO. ¿A estas horas? No sospecho...
AMADEO. Está postrada en su lecho...
la viuda de Agamenón.
AGAPITO. ¡Eh, señores! Esa chanza...
MARTÍN. No es ilusión.
AMADEO. ¡Oh maldad!
¡Oh perfidia!
MARTÍN. ¡Oh liviandad!
¡Que está clamando venganza!
AGAPITO. Vaya; basta de tramoya,
que es para aspar a cualquiera...

MARTÍN. ¡Oh Atrida! ¡Más te valiera
haber fenecido en Troya!

AGAPITO. Pues digo que es buen humor...

AMADEO. ¡Ay, señor don Agapito,
tres de una vez! ¡Oh delito!

MARTÍN. ¡Y el uno es negro! ¡Qué horror!

AGAPITO. Véame yo confundido
si entiendo un solo vocablo.

AMADEO. ¡Silencio!

AGAPITO. Pero ¿qué diablo?...

MARTÍN. ¡Chist!... Clitemnestra ha parido.

AGAPITO. ¿Clitemnestra? Por mi abuela...

MARTÍN. ¿Quiere usted que lo repita?

AGAPITO. *(Dando palmadas.)*
¡Ah! Ya entiendo. La gatita,
la gatita de Marcela.
Por vida... Me alegro mucho.
Voy corriendo; voy a ver...

(*Despidiéndose.*)

Señores...

MARTÍN. ¿Puedo saber
qué encierra ese cucurucho?

AGAPITO. Son bombones, capuchinas,
almendras garapiñadas,
yemas acarameladas
y pastillas superfinas.
¿Gusta usted, don Amadeo?
¿Y usted?...

MARTÍN. La ventura alabo
de don Agapito. ¡Bravo!
Ya hay dulces para el bateo.
Corra usted...

AMADEO. Corra usted; sí.
Mi enhorabuena le doy.

MARTÍN. Cuidarla mucho.

AGAPITO. Voy, voy.
El negrito para mí.

ESCENA IX

DON MARTÍN y DON AMADEO.

MARTÍN. ¿Has visto, primo, en tu vida
más ridículo animal?
AMADEO. Ya se iba amoscando un poco.
MARTÍN. ¡Oh! Y si él se enoja es capaz
de caerse muerto. Pero
dejémosle acariciar
a su Clitemnestra, y vamos
a otra cosa más formal.
¿Conque amas a la viudita?
AMADEO. ¿Y quién, oh primo, verá
tantas gracias en su rostro
y en su cuerpo celestial
sin sentir dentro del pecho
un amoroso volcán?
MARTÍN. A mí también me ha gustado
más de lo que es regular;
y por cierto no esperaba
que fueses tú mi rival.
Yo creí que, satisfecho
con merecer su amistad,
no aspirabas a la dulce
coyunda matrimonial.
AMADEO. Tampoco yo imaginaba
que fueses tú su galán.
MARTÍN. ¡Poeta y amar de veras,
es cosa particular!
AMADEO. ¿Y qué diremos de ti,
andaluz, y capitán?
MARTÍN. Como que iba yo a pedirte
me hicieses un madrigal
para pintar a Marcela
mi dulce cautividad.
AMADEO. Yo me iba a valer de ti
para decirla mi afán.
MARTÍN. Pues querernos a los dos

no es posible.

AMADEO. Claro está.

MARTÍN. Dejarla es duro; matarnos
sería una necedad.
¿Qué haremos?

AMADEO. Querido primo,
ya sabes tú cuán fatal
soy en amores. La adoro.
Sólo la tumba podrá
de mi triste corazón
la activa llama apagar;
mas sea que no merezco
tan peregrina beldad,
sea que con tantos ayes
la he llegado a fastidiar,
bien conozco que Marcela
no será mía jamás.
Tú sabes mejor que yo
la ciencia de enamorar.
Yo soy tímido en extremo;
tú eres en extremo audaz:
a mí no me da esperanzas;
acaso a ti te las da.
Yo te cedo su conquista:
sí, Martín; y de este umbral
apartado para siempre,
triste, desvalido, ¡ay!,
lloraré mi desventura
en amarga soledad.

MARTÍN. ¡Ah, ah!... Déjame reír.

AMADEO. ¿Conque estoy para expirar
y te ríes?

MARTÍN. No hay cuidado;
pronto te consolarás,
que amores inconsolables
no son fruta de esta edad.

AMADEO. ¡Cómo! ¿Tú dudas, Martín,
de mi amor?

MARTÍN. No dudo tal;

pero hablemos con franqueza,
pues nos conocemos ya.
Hoy por Marcela suspiras;
mañana suspirarás
por otra.

AMADEO. Yo soy sensible;
yo no vivo sin amar.

MARTÍN. Pues por eso mismo es fácil
que rinda tu voluntad
otra Filis, u otra Laura,
amartelado zagal.
Tres damas te he conocido
desde el día de San Juan.
La cuarta es Marcela. Vamos,
dime ahora la verdad:
¿no te atreves con la quinta?
¿No hay en tu pecho lugar
para hospedarla? ¡Qué diablos!
Aunque sea en el zaguán.

AMADEO. Aun me harás reír, Martín,
y eso es una iniquidad.

MARTÍN. Yo también amo a Marcela;
pero amo a lo militar,
reservándome algún tanto
de juicio y de libertad,
por si hay que volver las grupas
hacia el cuartel general.
Cuando la veo me inflamo,
pierdo la chaveta, y más
si me esgrime aquellos ojos
que tanta guerra me dan.
Confieso que si lograra
su mano, fuera el mortal
más dichoso; pero, amigo,
no me dejaré enterrar
como amante de novela
si calabazas me da.

AMADEO. Pero, en suma, ¿qué partido
tomaremos?

MARTÍN. Declarar
formalmente nuestro amor
a la viuda, y cada cual
ver cómo puede rendirla.
No es mucha temeridad,
que ella nos anima a todos
con su carácter jovial.
Manos a la obra, Amadeo.
¡Al grano!, que lo demás
es perder tiempo. Al que venza
su fortuna le valdrá,
y el que quedare vencido
ceda el campo a su rival.
AMADEO. Pues lo quieres, me conformo.
MARTÍN. Entretanto, dame acá
esos cinco. Siempre amigos.
AMADEO. Siempre amigos. Y del tal
don Agapito, ¿qué hacemos?
MARTÍN. Declararle sin piedad
la guerra; mortificarle;
perseguirle, y no parar
hasta echarle de esta casa;
que aunque él es moro de paz,
y no puede desbancarnos
semejante orangután,
sin embargo, será útil...
AMADEO. ¿Para qué?
MARTÍN. Para estorbar.
Sígueme; vamos a casa,
y dispondremos el plan
de ataque. (Mucho me engaño
o la hago capitular.)

ACTO TERCERO

ESCENA PRIMERA

DON TIMOTEO y MARCELA.

TIMOTEO. Pues hemos quedado solos,
ven; sentémonos aquí,
sobrinita.

MARCELA. Está muy bien.

(Se sientan.)

¿Qué me quiere usted decir?

TIMOTEO. Muerto, o difunto, tres años
hará el día de San Luis,
tu marido, tu consorte,
tu esposo don Valentín,
eres viuda, pero viuda
todavía en el abril;
quiero decir, en la flor
de tus años. ¿No es así?

MARCELA. Cierto. (¿Adónde irá a parar?)

TIMOTEO. Aunque en edad juvenil,
por tu estado, tu talento,
tu independencia y, en fin,
porque te dan tus haciendas
una renta de dos mil
y quinientos pesos fuertes,
que hoy día es un Potosí,
eres hábil, apta, idónea,
según el fuero civil;

digamos, según las leyes
y costumbres del país,
para hacer lo que te agrade
de tu persona gentil.

MARCELA. Pero...

TIMOTEO. Sentado y supuesto
que tienes maravedís,
esto es, dinero, caudal
para poder subsistir...
Digamos...

MARCELA. Al grano, tío.

TIMOTEO. Aunque no es tampoco ruin,
o, si se quiere, mezquina,
cicatera, baladí
mi fortuna, pues poseo,
gozo y disfruto en Madrid
seis mil ducados anuales,
que no es un grano de anís,
no te hago ninguna falta,
no necesitas de mí.
Pero apenas cinco lustros
acabas tú de cumplir,
o sean veinticinco años;
y supuesto que en monjil
no se han de trocar tus galas;
y si no quieres mentir,
una voz dentro del pecho
a nueva amorosa lid
te está brindando; Marcela,
sobrina, por San Dionís,
al yugo del himeneo
vuelve a humillar tu cerviz.
Cásate, y antes que muera,
antes que llegue al confín,
al término de mi vida,
que ya la tengo en un tris,
véame yo en tus hijuelos
renacer, reproducir,
ya que no pueda en los míos,

por culpa de mi Beatriz,
que en gloria descanse, aunque ella
me echaba la culpa a mí.

MARCELA. Aun no soy tan vieja, tío,
que me tenga sin dormir
el ansia de pronunciar
en los altares un sí.
Doy por sentado que el hombre,
lo mismo aquí que en París,
es de la mujer apoyo,
como el olmo de la vid;
pero aunque tanta viudez
ya me empezase a aburrir,
porque insensible no soy
cual figura de tapiz,
eso de casarse, tío,
no se hace así como así.
¿He de pregonar mi mano
a son de caja y clarín?

TIMOTEO. No digo tal, Dios me libre
de pensamiento tan vil,
¡porque vale más tu mano
que el imperio marroquí!
Quédese para las feas
el descaro y el ardid,
o sea... ¡Cuántos habrá
que suspiren entre sí,
quiero decir, en silencio,
por enlazar, por unir
su destino con el tuyo!
Ahí tienes a don Martín,
al capitán, que delira,
bebe los vientos por ti.

MARCELA. ¿De veras?

TIMOTEO. Sí; me lo dijo
sobre mesa, y no en latín,
porque, como al fin criado
en la orilla del Genil,
tiene un desparpajo... Y vaya,

que no es cosa de escupir,
de menospreciar... Treinta años;
hombre fuerte, varonil;
capitán de artillería;
con haciendas en Coín,
y en Loja, y en Antequera;
noble como el mismo Cid;
franco, alegre... Para esposo,
vamos, no hay más que pedir.
¡Ah, picaruela! ¿Te ríes?
Él se ha valido de mí...

MARCELA. Pero...

TIMOTEO. Entiendo. Tu modestia,
tu rubor... ¡Oh, qué sutil,
qué sagaz soy yo, qué fino
para esto de descubrir,
adivinar, sorprender
un secreto femenil!
Esto es hecho. Ahora a tus solas...
Adiós. Me voy al jardín.
Echaré pan a los peces,
y subiré perejil
para mañana. ¡Qué boda!
¡Qué brillante porvenir!
Serás muy afortunada,
muy dichosa, muy feliz.

ESCENA II

MARCELA.

¡Pues! Porque ve que me río
ya se va tan satisfecho;
ya presume que mi pecho...
¡Qué original es mi tío!
Sensible soy como todas;
no me pienso emparedar,
pero me pongo a temblar

con sólo hablarme de bodas.
Me hallo bien con mi reposo,
con mi dulce libertad,
y temo hallar, en verdad,
un tirano en un esposo.
Mas si al fin, como mujer,
me es forzoso sucumbir,
ya que yo lo he de sufrir,
yo me lo quiero escoger.

ESCENA III

MARCELA y JULIANA.

JULIANA. ¡Buenas nuevas! El criado
de don Agapito ahora.
me acaba de dar, señora,
este billete cerrado.
MARCELA. ¿Y a quién dirige esa esquela
el señor don Agapito?
JULIANA. Lea usted el sobrescrito.
MARCELA. *(Toma el billete y lee el sobre.)*
«Para la hermosa Marcela.»
Extraño, por vida mía,
que un papel quiera enviarme
un hombre que puede hablarme
a cualquier hora del día.
JULIANA. Faltándole atrevimiento
para hablar, la cosa es clara,
en ese papel declara
su amoroso pensamiento;
pues, por mucho que presuma
de la victoria, es constante
que maneja todo amante
mejor que el labio la pluma.
Sí; carta es de amor.
MARCELA. Lo creo,
porque me dijo no ha mucho...

JULIANA. Ya con impaciencia escucho.
Abra usted, pues.

MARCELA. Abro y leo.
«Adorable y adorada Marcelita: Unidos nuestros corazones por los ocultos resortes de mágica armonía, como los sones del trombón se acuerdan con los ecos del violín cuando marcan los compases de una contradanza con melodiosa cadencia...»
¡Buen principio! Esto promete.
Me pasma tanta elocuencia.

JULIANA. Con melodiosa cadencia...
Vale un mundo ese billete.

MARCELA. «Días ha que nuestros ojos son los únicos intérpretes de nuestra recíproca ternura; pero ha tomado tal incremento la mía, que ya no la puedo contener en los límites de mi silencio, aunque expresivo y elocuente. Un poeta misántropo y calenturiento, un militar atolondrado y hablador la bloquean a usted, y, envidiosos de mi ventura, parece que se empeñan en secuestrar mis amores. Declaro, pues, por escrito, desesperado de poderlo hacer de palabra, que mi gusto por la danza, mi pasión por la moda, mi fanatismo por las sedentarias e inocentes labores del bello sexo, a que usted pertenece, y con el cual aspiro a identificarme, y últimamente, mi afición a las pastillas de coco y a los merengues, no embelesan tanto mis sentidos como una sola mirada de la interesante Marcela. Arda, pues, para nosotros la antorcha de Himeneo, y envidien todos los elegantes de Madrid al derretido y amartelado *Agapito Cabriola y Bizcochea.*»

JULIANA. ¡Oh qué melifluo papel!

MARCELA. Su lectura causa tedio.
¡Qué novio para un remedio!

JULIANA. Pues calabazas en él.

MARCELA. Me enfada su presunción
y su descaro inaudito.
¿Cuándo el tal don Agapito
conquistó mi corazón?
Si a mi despecho tal vez
sus visitas he sufrido,

porque mi paciencia ha sido
mayor que su estupidez;
si su necia petulancia
me ha dictado con razón
algún elogio burlón
que ha convertido en sustancia;
si, como hago con cualquiera,
por no poderlo evitar,
mi mano le suelo dar
al subir una escalera;
si sufro, por no hacer dengues
sobre lo que nada vale,
que alguna vez me regale
caramelos y merengues,
no le autorizo por esto
a tan extraña osadía;
ni mi amor jamás pondría
en hombre tan indigesto.

JULIANA. ¡Uf! Me da dolor de muelas;
de mirarle me empalago.
Déle usted carta de pago,
y vaya a las covachuelas.

MARCELA. No pasará de esta noche,
puesto que a tanto se atreve.
Ya que el demonio me lleve
quiero que me lleve en coche.

JULIANA. ¿Y qué le digo al criado
que espera contestación?

MARCELA. Le dirás que a la oración...

(*Suena una campanilla.*)

Anda a ver quién ha llamado.

ESCENA IV

MARCELA.

MARCELA. ¡Pues estará poco ufano
con mi pretendido amor!
¿Yo esposa suya? ¡Qué horror!
Antes cortarme la mano.
Yo le haré con mis desprecios...
Señor, *¡qué no ha de poder*
ser amable una mujer
sin que la persigan necios!

ESCENA V

MARCELA y JULIANA.

JULIANA. Señorita, ¡gran correo!
Dos cartas más. ¡Qué fortuna!
Don Martín manda la una,
la otra don Amadeo.
También esperan respuesta
los criados de los dos.
MARCELA. Dame, dame. Santo Dios,
¿qué conspiración es ésta?
JULIANA. ¡Bueno! ¿Qué hace usted con tres
declaraciones ahora?
MARCELA. Leamos. «A mi señora
doña Marcela Cortés.»
JULIANA. (La veo en terrible aprieto.
¿Quién se llevará la torta?)
MARCELA. Esta a lo menos es corta.

«A MARCELITA.—*Soneto.*

Si digno fuera de tu ansiada mano
quien más rendido tu belleza adora,
pronto luciera la benigna aurora,

término a tu desdén, que lloro en vano.
Más, ¡ay!, jamás logró poder humano
dar leyes al amor; jamás, señora,
que, a poderlas dictar, mi pecho ahora
se holgara de romper su yugo insano.
No con dulce esperar me lisonjeo:
sólo te pido en premio a mi ternura
el fatal desengaño que preveo:
Bien como en cárcel hórrida y oscura
solía un tiempo el inocente reo
la muerte preferir a la tortura.
Amadeo Tristán del Valle.»

JULIANA. A ése no habrá quien le tilde
de vano y de presumido.
¡Qué modesto, qué rendido,
qué respetuoso, qué humilde!

MARCELA. Si es cierto amor tan extraño,
yo estoy muy comprometida,
porque va a perder la vida
si le doy un desengaño.

JULIANA. Pero es tan bello sujeto,
tan amable... Bien merece...
(Buena señal, que enmudece.)

MARCELA. Mucho me agrada el soneto.

JULIANA. Por fuerza ha de ser muy fiel
quien tales sonetos fragua.
¡Eh, señora! Pecho al agua.
Decídase usted por él.

MARCELA. No es imposible que sienta
lo que me dice.

JULIANA. Pues ya.

MARCELA. Pero el soneto quizá
se ha escrito para cuarenta.

JULIANA. Con tal marido yo espero...

MARCELA. Después de la bendición
suele volverse león
el más tímido cordero.

JULIANA. Mi corazón se conmueve,

y a ser la cosa conmigo...
MARCELA. Confieso que es el amigo
que más aprecio me debe;
mas casarme...
JULIANA. Voto a San...
Si no nos aventuramos,
señora mía...
MARCELA. *(Después de un momento de reflexión.)*
Leamos
La carta del capitán.

«Amable Marcelita: Esta tarde me hubiera declarado verbalmente, a no habérmelo impedido el parto de *Clitemnestra.* Me dejó usted plantado por una gata...»

Aunque nada hay malo en esto,
nunca tan frívola, fui.
Para escaparme de aquí
me valí de aquel pretexto;
porque estaba ya en un potro,
y no podía sufrir
al uno por su gemir,
y por su charlar al otro.

«Pero yo no lo atribuyo a desprecio, sino a un capricho, a una chanza, o tal vez al designio de hacerme ver que ciertas materias se deben tratar sin testigos. Ya es tiempo de explicarme.

»Treinta años hace que soy soltero, y no es para hombres de mi temple el ser toda la vida de Dios una misma cosa. Unos me pintan el matrimonio como el más espantoso cautiverio; otros dicen que es un manantial de dichas y de placeres. Cada uno cuenta de la feria como le va en ella. Yo quiero salir de dudas, porque siempre he sido curioso, y porque empiezo a cansarme de andar, como suelen decir, a salto de mata. Los mandamientos de la Ley de Dios me prohíben hostilizar a la mujer del prójimo. Dicen que todo lo puede el dinero: mentira. Yo tengo tres mil duros de renta, y nunca he podido comprar los verdaderos placeres, que otros más afortunados disfrutan *gratis.* Me canso de lidiar con patronas y lavanderas. Por otra parte, cuando yo nací, mi padre fue lo que yo no he sido todavía; y un hombre como yo no ha de ser menos que su padre. Por éstas y otras razones he resuelto casarme; y habiendo de elegir una esposa, ¿quién mejor que usted, viudita mía? Talento, gracia, hermosura... ¡Cuántos presagios de ventura matrimonial! Aunque creo que no me mira usted con repugnancia, ignoro todavía el lugar que ocupo en ese corazón; pero me parece que no haría usted ningún disparate en casarse conmigo, porque, sin vanidad, me atrevo a ser tan buen consorte como el primero.

»Ya ve usted que esto es hablar al alma. He dicho. Responda usted ahora con la misma franqueza a su resuelto pretendiente, q. s. p. b., *Martín Campana y Centellas.*»

¡Epístola singular!
¿Has visto un novio más brusco?

JULIANA. Por cierto que el hombre es chusco.
¡Qué modo de enamorar!

MARCELA. Alabo su buen humor,
y su carta me da gozo,
que al fin es soberbio mozo...

JULIANA. Y muy soberbio hablador.

MARCELA. Mas con gracia.

JULIANA. No ha de ser
por mi voto el preferido.
¡Dios me libre de un marido
que hable más que su mujer!

MARCELA. ¿Conque no te agrada?

JULIANA. No.
Yo le haría mil desdenes.

MARCELA. Juliana, mal gusto tienes.
¿Y si le escogiera yo?

JULIANA. Preciso es que la chaveta
perdiera usted, ama mía.
A quien yo preferiría
es al poeta.

MARCELA. El poeta...
Sí...

JULIANA. Yo hablo sin interés.

Ello, usted se ha de casar.
MARCELA. ¡No me dejan respirar!
JULIANA. Vamos; a cuál de los tres...
MARCELA. Poco a poco. ¿Es puñalada
de pícaro? Loca estoy.
¡Tres a tiempo! Se lo doy,
Juliana, a la más pintada.
JULIANA. ¿Pero qué contestación
a los criados daré?
MARCELA. Que aquí vuelvan, les diré,
sus amos a la oración.
JULIANA. ¿Pues qué, va usted a salir?
MARCELA. Voy a hacer una visita
ahí arriba a doña Rita.
JULIANA. No me quiere usted decir...
MARCELA. Muy pronto, te lo prometo,
todos mi elección sabrán.
(¡Qué franco es el capitán!
¡Qué letrilla, y qué soneto!)

(Se retira pensativa.)

ESCENA VI

JULIANA.

¡Mal haya tanto misterio!
Ahora iría con el chisme
a Gertrudis si supiera...
¡Desgraciadas las que sirven
a estos señores que quieren
que todo se lo adivinen!
Vamos, no dirá el poeta
que Juliana es insensible
a su regalo. (Y presumo
que la viuda le distingue.)
Por otra parte, yo temo
que la balanza se incline

a don Martín. Esta duda
tanto me aburre y me aflige,
como si fuera yo alguno
de los tres novios insignes.
Con esto, y con que después
se la lleve el alfeñique
de don Agapito... ¡Oh! No.
¡Qué locura! No es posible,
¿Quién se acerca? Él es.

ESCENA VII

JULIANA y DON AGAPITO.

AGAPITO. Juliana,
muy buenas tardes.
JULIANA. Felices.
AGAPITO. Ya sé que tu ama ha leído
mi billete. Dime, dime...
JULIANA. Le cita a usted...
AGAPITO. Ya lo sé.
¡Si me lo ha dicho Felipe!...
Pero yo estoy impaciente,
y es preciso que averigüe...
JULIANA. También ha citado...
AGAPITO. ¿A quién?
JULIANA. Al poeta.
AGAPITO. ¿Qué me dices?
¿Se ha declarado por fin?
JULIANA. Sí, señor.
AGAPITO. ¡Mire usted!
JULIANA. *Item.*
Comparecerá también
a su tribunal temible
el capitán don Martín,
a fin de que se administre
recta justicia a los tres.

AGAPITO. ¡Bien! Comparecencia triple.
¿Es concurso de acreedores?
Con tal que a mí me adjudiquen
la hipoteca... ¡Oh! ¿Quién lo duda?
Me alegro de que nos cite
a un tiempo a los tres. Mi triunfo
así será más plausible,
más solemne, y mis rivales...
¡Cuánto voy a divertirme!
Di: ¿cómo, cómo leyó
mi carta? Con apacible
sonrisa, con cierta... Aguarda:
¿te gustan los diabolines?
Aun tengo...

JULIANA. No soy golosa.

AGAPITO. ¿Qué le ha parecido el símil...?

JULIANA. No entiendo.

AGAPITO. La consonancia
de trombones y violines,
comparada a nuestro amor.
El pensamiento es sublime.
¿Lo celebró?

(Va oscureciendo.)

JULIANA. Sí, señor;
soltando el trapo a reírse,
como yo.

AGAPITO. Pues; de alegría.
Y dime: tú no advertiste
palpitación en su pecho,
y así... un rubor...

JULIANA. (¡Oh, qué chinche!)
Excuse usted las preguntas,
porque yo no he de decirle
ni una palabra.

AGAPITO. Está visto;
sin duda se me apercibe
alguna dulce sorpresa.

¡Oh! Pero yo soy muy lince.
JULIANA. Al más lince se la pegan.
AGAPITO. ¡Oh! Lo que es a mí es difícil.
Hablemos claros: yo sé
que Marcela se desvive
por mí, y esos mentecatos
en vano, en vano compiten
conmigo.
JULIANA. Tengo que hacer;
y si usted me lo permite...
AGAPITO. Anda con Dios. Ah, te ofrezco
luego que se realice
mi casamiento...
JULIANA. ¿Un vestido?
AGAPITO. Una libra de confites.
JULIANA. Mil gracias por la fineza.
(Mala víbora te pique.)

ESCENA VIII

AGAPITO.

¡Bravo! La victoria es mía.
Esta noche se despiden
mis rivales, y no bien
me dejen el campo libre,
trataremos de la boda.
A mediodía convite
gastronómico; a la noche,
gran concierto, baile... Envidien
mi fortuna los que tanto
con sus bromas me persiguen;
los que me llaman enclenque,
y fatuo, y... Yo sé el *busilis*
mejor que nadie; y mujer
que a mis gracias no se rinde
bien puede decir... ¡Qué veo!
Allí vienen el belitre

de don Martín y su primo
don Amadeo. ¡Infelices!

ESCENA IX

DON AGAPITO, DON MARTÍN y DON AMADEO.

MARTÍN. No puede tardar. Aquí
la aguardaremos.
AMADEO. ¡Terrible
momento!
MARTÍN. Don Agapito.
Hagamos lo que te dije.
¡Duro en él! Yo por un lado;
tú por otro. Don Melindre,

(Dándole una palmada en el hombro.)

buenas noches.
AGAPITO. Poco a poco.
No quiero que me acaricien
de ese modo.
AMADEO. *(Por el lado opuesto, haciendo lo mismo.)*
Buenas noches.
¿A cómo van los anises?
AGAPITO. ¡Eh, que mis hombros no son
de piedra!
MARTÍN. No: son de mimbre;
ya lo sé; pero mi afecto...
AGAPITO. Bueno está que usted me estime;
pero...
AMADEO. Cuidado, que soplan
unos vientos muy sutiles,
¡y usted no está para fiestas!
Le aconsejo que se cuide.
AGAPITO. Pero, señores, ¿qué diablos?...
Quiero que ustedes descifren...
MARTÍN. Guárdese usted del sereno.
AGAPITO. Pero aunque yo me constipe,

¿qué le importa a nadie?
MARTÍN. Vamos;
el que de esto no se ríe
no tiene gusto.
AGAPITO. Señores...
MARTÍN. Oye, para que te admires.
Ese apéndice...
AGAPITO. ¡Qué frases!
No; pues como yo me irrite...
MARTÍN. Quiere casarse.
AMADEO. ¿De veras?
No haga usted caso. Son chistes
de mi primo. ¡Usted casarse!
AGAPITO. Sí, señor. ¿Y quién lo impide?
MARTÍN. Y con Marcela. ¡Ahí es nada!
AGAPITO. ¡Bueno es que ustedes me priven!
MARTÍN. Hombre, no sea usted fatuo.
AMADEO. Hombre, no sea usted simple.
MARTÍN. ¿Dónde se ha metido usted?
AMADEO. Mejor es que se retire
con sus honores...
AGAPITO. ¡Por vida!
Desde que tengo narices
no me he visto...
MARTÍN. ¿Quiere usted
con esa traza de tiple
enamorar a Marcela?
Si fuera entonar un *kirie*...
AGAPITO. ¡Oiga usted!...
AMADEO. ¡Marido un *quidam*
que padece de raquitis!
MARTÍN. Si usted se casa..., perdone
que su fin le pronostique;
no vive usted veinte días.
AMADEO. ¿Qué veinte días? Ni quince.
AGAPITO. ¿Quieren ustedes dejarme?
MARTÍN. ¡Vaya una figura triste!
AGAPITO. ¿Pero hay valor para esto?
AMADEO. ¡Vaya una cara de tisis,

que da gozo!
AGAPITO. ¡Todo a bríos!
AMADEO. ¡Lindo mueble!
MARTÍN. ¡Lindo dije!
AGAPITO. ¡Me ahorcara!
AMADEO. ¡Vaya un apunte!
MARTÍN. ¡Vaya un ente inverosímil!
AGAPITO. Señores, basta de broma.
MARTÍN. ¡Eh! ¿Quiere usted que me explique
de otro modo?
AMADEO. Mejor es.
Dejémonos de perfiles.
Renuncie usted a la mano
de Marcela.
AGAPITO. Es imposible.
MARTÍN. Deje usted de visitarla.
No es justo que nos fastidie...
AMADEO. Que nos estorbe...
AGAPITO. Esas cosas
de ningún hombre se exigen;
y primero...
MARTÍN. ¿Conque usted
gallea?
AMADEO. ¿Usted se resiste?
MARTÍN. *(Tirándole de un brazo.)*
Pues véngase usted conmigo.
AMADEO. *(Tirándole del otro.)*
Pues veremos si usted riñe
como habla. Sígame usted.
AGAPITO. Señores, no me desquicien.
MARTÍN. Déjale. Vamos al campo.
AMADEO. Es inútil que porfíes.
Antes lidiará conmigo.
AGAPITO. Pero entre Escila y Caribdis,
¿qué hago yo?
MARTÍN. Suéltale.
AMADEO. Aparta.
AGAPITO. ¡Por piedad, no me asesinen
ustedes!

MARTÍN. ¡Al campo!
AMADEO. ¡Al campo!
AGAPITO. ¿Quién me socorre? ¡Ah, caribes!

ESCENA X

DON AMADEO, DON AGAPITO, DON MARTÍN, DON TIMOTEO y JULIANA.
Don Martín y Don Amadeo sueltan a Don Agapito.
Juliana trae luces.

TIMOTEO. ¿Qué es esto?
JULIANA. ¿Qué es esto?
AMADEO. Nada.
TIMOTEO. Esos gritos...
MARTÍN. Una broma.
AGAPITO. Pero broma muy pesada.
MARTÍN. ¿Se pica usted, camarada?
Pues con su pan se lo coma.
TIMOTEO. ¿Picarse? ¡Qué disparate!
Pero al oír tal debate
yo pensaba, por mi abuelo,
que se trataba de un duelo,
o desafío, o combate.
MARTÍN. ¡Qué! No, señor. Le hemos dicho
que deje de pretender
a Marcela.
TIMOTEO. ¡Buen capricho!
MARTÍN. Porque ella es mucha mujer
para semejante bicho.
AGAPITO. ¿No ve usted cómo me insultan?
Yo lo sufro...
AMADEO. Por desidia.
AGAPITO. Mas si antes no me sepultan,
Marcela... En vano lo ocultan:
se están muriendo de envidia.
TIMOTEO. ¡Silencio! Amigos, ahora,
luego, más tarde, después...
JULIANA. Fuego de amor los devora;

mas ya vendrá mi señora,
y escogerá entre los tres.
Oiga usted, don Amadeo,

(Se lo lleva a un lado y hablan aparte. Lo mismo hace Don Timoteo con Don Martín.)

de usted será. Así lo creo.
AMADEO. ¡Fausto amor! ¡Dichosa llama!
Mas, ¡ay!, te engaña el deseo.
TIMOTEO. Usted va a rendir el muro.
MARTÍN. ¿Será mía?
TIMOTEO. Lo aseguro.
MARTÍN. ¡Si vale usted un tesoro!
TIMOTEO. Lo afirmo, y lo corroboro,
y lo sostengo y lo juro.
AGAPITO. ¡Cuánto tarda! Me impaciento.
¡Oh! Con tisis, o sin tisis,
ya se verá... Pasos siento.
JULIANA. Ya está aquí.
TIMOTEO. Llegó el momento
decisivo, esto es, la crisis.

ESCENA XI

DON TIMOTEO, DON MARTÍN, JULIANA, MARCELA, DON AGAPITO y DON AMADEO.

TIMOTEO. Bien venida.
AMADEO. (¡Oh dulce vista!)
MARCELA. Caballeros, buenas noches.
TIMOTEO. Aquí tienes tres amantes,
o bien tres adoradores,
que solicitan, pretenden,
anhelan ser tus consortes.
Todos tienen buenas prendas,
o cualidades, o dotes,
y es fuerza que alguno de ellos

tu preciosa mano logre.
¿A cuál de los tres eliges?
¿A cuál de los tres escoges?

MARCELA. Declatados ya los tres,
el triste deber me imponen
mi amistad, mi honor, mi estado,
de decir a estos señores
libremente mi sentir;
y pues el poder del hombre,
como ha dicho alguno de ellos,
no manda en los corazones,
yo espero que sin rencor
a mi fallo se conformen.

AGAPITO. Lo prometo.

MARTÍN. Y yo también.

AMADEO. Y yo.

MARCELA. Tres declaraciones
he recibido esta tarde
que me colman de favores.
Ahora bien; responderé
a todas tres por su orden.
Don Agapito...

AGAPITO. ¡Ay, Marcela!
(Sólo a mí me corresponde.
Sus ojos lo están diciendo.)

MARCELA. Aunque me sobran razones
para quejarme de usted,
pues no sé cuándo ni dónde
le he dado yo fundamento
para que tanto blasone
de mi soñado cariño...

AGAPITO. Señora..., yo...

MARTÍN. Aquí se oye
y se calla...

MARCELA. La indulgencia
ha sido siempre mi norte;
y mal puedo yo evitar
que usted viva de ilusiones.
Le perdono su osadía.

Por lo que hace a sus amores,
los agradezco en el alma,
siquiera por los bombones
que me regaló esta tarde;
mas le ruego no se enoje
si digo que para usted
mi corazón es de bronce.

AGAPITO. ¡Qué escucho!

MARCELA. No hay que afligirse.
Siendo tantos los primores
de esos pies y de esas manos,
mujeres hay más de doce
a las cuales un marido
como usted vendrá de molde,
ya que yo no haga justicia
a un mérito tan enorme.
Pero le daré un consejo
siempre que a mal no lo tome.
Si usted pretende, hijo mío,
ser venturoso en amores,
déjese de caramelos,
robustezca sus pulmones,
emancipe su cintura
del corsé que se la come,
déjese de figurines,
déjese de rigodones,
que el hombre ante todas cosas
está obligado a ser hombre.

AGAPITO. ¡Usted también! Vive Dios,
que ya no hay paciencia...

TIMOTEO. ¡Pobre
don Agapito! Si usted
consiente en que yo le adobe,
lo cure, le restablezca,
desencanije y entone...

AGAPITO. Déjeme usted, que estoy hecho
un tigre, un rinoceronte.
¡A mí tal desaire! A mí...
Estoy echando los bofes

de cólera y de... ¿Qué digo?
Eso quieren: que me amosque,
y me desespere, y... No;
que hay hermosuras mayores
muertas por mí. Sí, señora;
y porque usted me abochorne
no dejaré yo de ser
la delicia de la corte.

ESCENA XII

MARCELA, DON AMADEO, DON MARTÍN, DON TIMOTEO y JULIANA.

JULIANA. (Ese ya va despachado.)
TIMOTEO. ¡Qué estúpido es ese joven,
qué necio, qué mentecato,
y qué estólido, y qué torpe!
No; pues como no se enmiende,
o se corrija, o reforme,
le anuncio, le pronostico,
le presagio mil sofiones;
¡oh!, y exequias prematuras,
anticipadas, precoces.
MARTÍN. Conque, ¿a quién le toca ahora?
AMADEO. (Yo tiemblo como el azogue.)
MARCELA. Al señor don Amadeo.
Sentiré que le incomode
mi franqueza. Yo le estimo
como a un hermano. Son nobles
sus sentimientos; su trato,
el más ameno; es muy dócil,
muy fino, muy consecuente,
y me faltan expresiones
para ensalzar su talento;
mas, por mucho que me honre
con su mano, nuestros gustos,
nuestros genios son discordes.

Él es serio, reflexivo,
taciturno, y yo, señores,
viva, alegre, bulliciosa.
Además, aunque él me adore,
jamás podré conseguir
que a las musas abandone;
y tendré celos de Erato,
de Talía y de Caliope.
Mas ya que el hado no quiere
que esposo mío le nombre,
más tierna amiga que yo
no ha de hallar en todo el orbe.

AMADEO. *(Muy exaltado.)*
¿Amiga? ¡Qué profieres!
¿Merece mi cariño tanto agravio?
¡Ah! Rompa ya mi labio,
rompa el silencio, pues mi muerte quieres.
¡Oh tú, la más cruel de las mujeres!
¡Oh tú, cuyos hechizos
por mi destino aciago
adoro a mi despecho!
¿Sólo me ofreces de mi amor en pago
yerta amistad? Arráncame del pecho
en donde está grabada,
arráncame primero, ingrata, impía,
tu imagen adorada.
La amistad apacible
tal vez se cambie en amorosa hoguera;
¿mas dónde el insensible,
dónde está el corazón, cobarde, helado,
que a la amistad desciende
cuando en llama voraz Amor le enciende?
No, no. Sé mi enemiga,
pues no merece el mísero Amadeo
a par de ti ceñirse en los altares
la plácida corona de Himeneo.
En tanto mis pesares
lejos de ti llorando, en la ribera
del lento Manzanares

yo con voz lastimera
a los vientos daré tristes cantares.
¡Adiós!

MARCELA. Pero oiga usted...

AMADEO. No. Ya es en vano.

MARTÍN. Primo...

TIMOTEO. ¡Raras manías!
Mire usted, considere, reflexione
que como no abandone...

AMADEO. ¿Ya va usted a ensartar sus profecías?
Cállese usted, y el diablo se lo lleve.
¡Adiós, mujer aleve!
¡Adiós por siempre! ¡Adiós! Nuevo Macías,
víctima moriré de tus rigores.
En tiernas elegías
cantad, hijos de Apolo, mis amores,
y en mi tumba llorad, llorad, pastores.

ESCENA ÚLTIMA

MARCELA, DON TIMOTEO, DON MARTÍN y JULIANA.

MARCELA. Don Martín, ¿lloro o me río?
Porque, a la verdad, yo dudo
lo que debo hacer.

MARTÍN. Reír
es lo mejor.

TIMOTEO. ¡Qué *exabrupto,*
qué descarga, qué andanada,
qué tempestad, qué diluvio
de quejas y de clamores!

MARCELA. Pero ¿habrá perdido el juicio?

MARTÍN. ¡Cómo, si nunca lo tuvo!
Ya ve usted, poeta... Pero,
no hay cuidado; ése es un flujo
de palabras. El morirse
de amores ya no está en uso.

TIMOTEO. Ea, vamos; ya está visto

que es tu novio o tu futuro
don Martín.

JULIANA. ¡Pobre poeta!

TIMOTEO. Aplaudo, celebro mucho
tu buena elección, tu acierto;
quiero decir, tu buen gusto.

MARTÍN. Si merezco tanta gloria,
no habrá, señora, en el mundo
quien no envidie...

MARCELA. Usted perdone,
don Martín, si le interrumpo.
Confiese usted que no tiene
todavía muy maduros
los cascos para marido.
Aun no está usted muy seguro
de quererme sólo a mí.
Aun están muy en tumulto
esas pasiones; y yo,
que no fui con mi difunto
muy dichosa, antes que humille
otra vez mi frente al yugo,
lo miraré muy despacio.
Palabras que como el humo
se disipan, nada prueban;
y a quien cumplió cinco lustros,
don Martín, no se deslumbra
con amorosos arrullos.
Aunque un poco atolondrado,
usted, no lo dificulto,
sería muy buen marido;
mas dice un refrán del vulgo
que lo mejor de los dados
es no jugarlos.

MARTÍN. ¡Me luzco
como hay Dios!

TIMOTEO. Pero, sobrina...

MARTÍN. Conque, ¿tampoco hay indulto
para mí?

MARCELA. Perdone usted.

No es vanidad, no, lo juro,
la causa de este desvío
con que a tres novios renuncio;
pero amo mi libertad
y en ella mi dicha fundo.
No aborrezco yo a los hombres,
aunque severa los juzgo.
Confieso que para amigos
son excelentes algunos;
para amantes, casi todos;
para esposos... *¡abrenuncio!*
Mi sexo me inclina a ellos;
mi razón toma otro rumbo.
No sé al fin quién vencerá,
porque yo no soy de estuco.
Entretanto, ni desprecio
a los hombres, ni los busco.
Buenas palabras a todos,
mi corazón... a ninguno.

MARTÍN. Esa franqueza me encanta;
y sería un necio, un bruto
si, ya que aspirar no puedo,
aunque de amor me consumo,
a una mano tan preciosa,
no cifrase yo mi orgullo
en elogiar a Marcela
y en llamarme esclavo suyo.

JULIANA. ¿Conque no se casa usted?

TIMOTEO. He de bajar yo al sepulcro
sin el consuelo, el alivio,
el gusto, el placer...

MARCELA. Presumo
que así será.

TIMOTEO. Mas ¿por qué?
¿Por qué, mujer? Yo me aburro.

MARCELA. Boda quiere la soltera
por gozar de libertad,
y mayor cautividad
con un marido la espera.

En todo estado y esfera
la mujer es desgraciada;
sólo es menos desdichada
cuando es viuda independiente,
sin marido ni pariente
a quien viva sojuzgada.
Quiero, pues, mi juventud
libre y tranquila gozar,
pues me quiso el cielo dar
plata, alegría y salud.
Si peligra mi virtud,
venceré mi antipatía,
mas mientras llega ese día,
¿yo marido?, ni pintado,
porque el gato escarmentado
huye hasta del agua fría.
Los humanos corazones
yo a mi costa conocí.
Pocos me querrán por mí;
cualquiera por mis doblones.
Celibatos camastrones,
buscad muchachas solteras,
que muchas hay casaderas;
dejadme a mí con mi luto.
Paguen ellas su tributo;
yo ya lo pagué, y de veras.
No perturbéis mi reposo.
Hombres, yo os amo en extremo,
pero, a la verdad, os temo
como la oveja al raposo.
Este es necio; aquél, celoso;
avaro y altivo el uno;
otro, infiel; otro, importuno;
otro...

MARTÍN. ¿Está usted dada al diablo?

MARCELA. No hay que ofenderse. Yo hablo
con todos, y con ninguno.

MUÉRETE ¡Y VERÁS!

COMEDIA EN CUATRO ACTOS

PERSONAS

DON PABLO.	DON ANTONIO.
DON FROILÁN.	DON LUPERCIO.
DON ELÍAS.	DON MARIANO.
DON MATÍAS.	UN BARBERO.
ISABEL.	UN NOTARIO.
JACINTA.	RAMÓN.

Un ciego, una ciega, guardias nacionales, hombres y mujeres de duelo, damas y caballeros convidados, pueblo.

La escena es en Zaragoza.

¡La otra tan malas entrañas
y ésta adorando mi nombre!
No hay como morirse un hombre
para ver cosas extrañas.

ACTO III, ESCENA XII.

ACTO PRIMERO

LA DESPEDIDA

Calle. Un café en el foro con puerta vidriera.

ESCENA PRIMERA

DON ANTONIO, DON LUPERCIO, DON MARIANO. Durante esta escena atraviesan de un lado al otro del teatro algunos milicianos nacionales, equipados como de camino, y gentes del pueblo que se supone van a ver salir la tropa.

ANTONIO. *(Saliendo del café.)*
Salgamos, Lupercio, a ver
lo que pasa por la calle.
LUPERCIO. Ya transita poca gente.
MARIANO. Como por aquí no sale
la columna...
LUPERCIO. Quiera Dios
que a los facciosos alcancen
y los destruyan.
ANTONIO. ¿Qué fuerza
va a marchar?
LUPERCIO. Dos mil infantes
y ciento veinte caballos,
entre tropa y nacionales
movilizados.
MARIANO. Venid,
que ya es regular que marchen
en breve.
ANTONIO. No tengas prisa.
Cuando están los oficiales
tan despacio en el café...

LUPERCIO. Sí. Ahí quedan don Pablo Yagüe
y don Matías Calanda;
pero éste es un botarate
que cuando está en una broma
no oye cajas ni timbales,
y don Pablo, embelesado
en los ojos de su amable
Jacinta...
ANTONIO. Pues malas lenguas
dicen que el otro compadre
gusta también de la niña,
y si puede desbancarle...
LUPERCIO. Por ahora es el preferido
don Pablo. Más adelante,
no diré... Porque en mujeres
no hay que fiar, y el carácter
de Jacinta es, en mi juicio,
más veleidoso que el aire.
MARIANO. Sin embargo, tiene mil
apasionados, y nadie
piensa en Isabel, su hermana,
aunque yo creo que vale
mucho más.
ANTONIO. Mal gusto tienes.
Ella podrá ser un ángel,
mas ¡tan callada!...
MARIANO. Es modestia.
ANTONIO. Sosería. Aquel donaire
de Jacinta, aquel mirar,
aquel despejo, aquel talle...
MARIANO. No es menos bella Isabel,
pero desconoce el arte
de coquetear y fingir.
Si yo hubiera de casarme
con alguna de las dos...
ANTONIO. ¡Eh!, no digas disparates.
LUPERCIO. Filósofo estás, Mariano.
ANTONIO. Perdió anoche dos mil reales
al *ecarté,* y no me admiro...

MARIANO. No reprobará el enlace
de su hermana don Froilán,
pues sufre que la acompañe
don Pablo, y le dé convites...
LUPERCIO. Como en ellos tenga parte,
no haya miedo que por eso
se incomode. Es el más grande
egoísta...
ANTONIO. Es un amigo,
y no debo criticarle;
mas por no mover un brazo
morir dejara a su padre
si lo tuviera.
LUPERCIO. Y en todo
ve peligros y desastres.
¡Qué agorero! Otra campana
de Velilla.
ANTONIO. Eso lo hace
por disculpar su egoísmo.
Ya se ve, cuando a los males
no hay remedio, es excusado
que los médicos se cansen.
MARIANO. ¡Antonio!, ten caridad.
Y nosotros, paseantes
y ociosos de profesión,
¿qué hacemos en este valle
de lágrimas?
ANTONIO. ¡Eh!... Nosotros,
aunque somos holgazanes,
servimos de algo en el mundo.
Acreditamos a un sastre,
alegramos las tertulias,
sostenemos los billares,
y brindamos en la fonda
por las patrias libertades.
LUPERCIO. A propósito, ¿estarán
almorzando hasta la tarde?
Pero ya sale don Pablo.

ESCENA II

DON ANTONIO, DON LUPERCIO, DON MARIANO, DON PABLO.
Don Pablo viste uniforme de teniente de nacionales movilizados.

PABLO. (Ese usurero bergante
no parece, y necesito
que me preste para el viaje
diez onzas. Estos tal vez
me dirán...) ¿Ustedes saben
dónde para don Elías?
MARIANO. No.
LUPERCIO. No sé.
PABLO. Voy a buscarle.

ESCENA III

DON ANTONIO, DON LUPERCIO, DON MARIANO.

ANTONIO. Ya anda en busca de usureros.
MARIANO. Ya se ve, ¡tanto gastar!...
LUPERCIO. Ese hombre se va a arruinar.
ANTONIO. Le vamos a ver en cueros.
MARIANO. Su patrimonio es crecido.
LUPERCIO. Su vanidad es mayor.
ANTONIO. Libertino...
LUPERCIO. Jugador...
MARIANO. Disipado...
ANTONIO. Corrompido.
¿Veis el ardor con que pinta
la pasión que le sujeta?
Pues que me lleve pateta
si se casa con Jacinta.
LUPERCIO. Yo sé que tiene otra moza.
MARIANO. Sí, la viuda de Quirós.
ANTONIO. Pues se olvida de las dos
al salir de Zaragoza.

LUPERCIO. Con la seducción y el dolo
otras hallará al momento.
MARIANO. Presume tener talento...
ANTONIO. Es un ignorante, un bolo.
LUPERCIO. Aunque atusando el bigote
se tiene por muy galán,
me parece a mí un gañán.
ANTONIO. Y a mí un Judas Iscariote.

ESCENA IV

DON ANTONIO, DON LUPERCIO, DON MARIANO, DON FROILÁN.

FROILÁN. ¿Todavía por aquí,
caballeros?
ANTONIO. ¡Don Froilán!
FROILÁN. ¿No van ustedes a ver
la columna desfilar?
LUPERCIO. Eso pensamos. Supongo
que también usted irá
con las niñas...
FROILÁN. No por cierto.
Hoy tengo un esplín mortal.
Estoy malo. Hace mal día.
MARIANO. Hombre, ¡si hace un sol que da
regocijo!
FROILÁN. Sin embargo,
el viento se va a mudar...,
y yo tengo para mí
que esta tarde nevará.
ANTONIO. El calendario de usted,
amigo, es siempre fatal.
FROILÁN. Nevará. ¡Pobre milicia!
¡Qué trabajos va a pasar!
ANTONIO. Mucho sentirá don Pablo
marcharse de la ciudad
dejándose aquí a la bella
Jacinta. Dicen que ya

se trataba de la boda.

FROILÁN. Sí, pero ¡buenos están
los tiempos para casorios!
Yo no quiero contrariar
el gusto de mis hermanas,
pero pronostico mal
de ese casamiento.

LUPERCIO. ¡Cómo!
¿No iban con gusto al altar
ambos contrayentes?

FROILÁN. Mucho,
mas si la fatalidad
hiciera... Anoche Jacinta
vertió en la mesa la sal
nombrando a don Pablo.

MARIANO. Y eso
¿qué puede significar...?

FROILÁN. Es mal agüero. Ese viaje
inesperado, es quizá
otro aviso de los cielos...
Piensa mal y acertarás,
dice el refrán.

ANTONIO. Si es funesta
esa coyunda nupcial,
¿por qué no interpone usted
su fraterna autoridad
para que no se efectúe?

FROILÁN. No, amigo, no haré yo tal.
Las voluntades son libres;
las chicas tienen ya edad
para saber lo que se hacen.
Mi individuo y nada más.
Yo sé que puedo vivir
sin una cara mitad.
Si ellas piensan de otro modo,
si ellas se quieren casar,
para ellas será la dicha
o la pena; me es igual.

Ellas comen de su dote...
Ni me quitan, ni me dan.

ANTONIO. ¡Vaya, que es filosofía
la de usted... original!

(Sigue hablando con los ociosos Don Froilán.)

ESCENA V

DON FROILÁN, DON ANTONIO, DON LUPERCIO, DON MARIANO, JACINTA, ISABEL, DON MATÍAS. Don Matías lleva uniforme de subteniente de milicia movilizada.

JACINTA. ¡Cómo! ¡Aun no viene don Pablo!

MATÍAS. No tardará. Aquí en la puerta
estaremos más alerta...

(A un mozo que llega a la puerta.)

¡Hola! ¡Mozo!... ¿Con quién hablo?
Trae sillas aquí; al momento.

ISABEL. (¡Dios mío, vela por él!)

(Trae sillas el mozo, y se sientan Don Matías y Jacinta.)

JACINTA. ¿No te sientas, Isabel?

ISABEL. Sí..., me sentaré... (¡Oh tormento!)

(Se sienta. Don Matías y Jacinta hablan en voz baja.)

MATÍAS. Mil veces afortunado
mi cautivo corazón
si fuese yo la ocasión
de ese amoroso cuidado.

JACINTA. Vamos, deje usté esa chanza.

MATÍAS. ¡Chanza cuando gimo y ardo,
y tengo en el pecho un dardo!...
He dicho poco: ¡una lanza!
Aun ese desdén fatal

amara yo con delirio
si no viese mi martirio
en la dicha de un rival.

ISABEL. (¡Qué desgraciada nací!)

JACINTA. ¡Qué temeraria porfía!
Mi voluntad ya no es mía.
¿Qué pretende usted de mí?

MATÍAS. O tan divina beldad
no estrechen brazos ajenos,
o vuélvame usted al menos
mi perdida libertad.

JACINTA. Si basta decirlo yo,
libre es usted desde ahora;
libre y sin costas.

MATÍAS. ¡Traidora!
¿Te burlas de mí?

JACINTA. Yo no.

MATÍAS. Si otro consuelo no halla
el afán que me atormenta,
me hago dar muerte sangrienta
en la primera batalla.
¡Qué temeraria virtud!

JACINTA. ¿Conque usted quiere un favor?...
Bien. Portarse con honor,
buen viaje y mucha salud.

MATÍAS. Eso se dice a cualquiera.

JACINTA. Mas no como yo lo digo.
Le amo a usted... como a un amigo.

MATÍAS. ¿Por qué no de otra manera?

JACINTA. Porque estoy comprometida,
y así la suerte lo quiso.

MATÍAS. ¿Y a no mediar compromiso?

JACINTA. Entonces...

ISABEL. (¡Fatal partida!)

JACINTA. Me apura usted demasiado,
¿Pretende usted que yo fragüe...?

MATÍAS. Si no amara usted a Yagüe...

JACINTA. Usted sería el amado.

MATÍAS. Ya que victoria no cante,

aunque la razón me sobre,
no es malo que aspire un pobre
a la primera vacante.

JACINTA. Basta. Merece castigo
quien a la dama echa flores
de su amigo.

MATÍAS. Hija, en amores
no hay amigo para amigo.

JACINTA. Pues de camarada fiel
se la echa usted.

MATÍAS. Estoy loco.
Anímeme usted un poco,
y hoy mismo riño con él.

JACINTA. Busque usted más alta gloria
combatiendo al despotismo,
y vénzase usté a sí mismo,
que es la más noble victoria.

MATÍAS. ¡Amonestación discreta!
Mas quien mira esos encantos...

JACINTA. Déjeme usted con mil santos.
Yo no quiero ser coqueta.

MATÍAS. ¡Cruel!...

JACINTA. (Lástima me da,
mas el deber... ¡Y es buen chico!)

MATÍAS. Tus ojos...

JACINTA. Calle usté el pico,
que viene Pablo.

ISABEL. (¡Allí está!)

(Se levantan viendo venir a Don Pablo, y reparando en las damas, los otros interlocutores se incorporan con ellas.)

ESCENA VI

ISABEL, JACINTA, DON FROILÁN, DON MATÍAS, DON PABLO, DON ANTONIO, DON LUPERCIO, DON MARIANO, DON ELÍAS.

PABLO. Me viene perfectamente
los tres mil reales y pico,

y con la vida y el alma
quedo a usted agradecido.

JACINTA. (Mi Pablo... No, no es posible
que yo ponga mi cariño
en otro hombre.)

ELÍAS. El interés
es muy corto. Un veinticinco
por ciento...

PABLO. Sí, en cuatro meses...,
no me parece excesivo.

ELÍAS. Ser servicial y económico
son mis dotes favoritos.
Sin lo segundo no hiciera
lo primero. Economizo,
y de esta manera puedo
ser útil a mis amigos.

PABLO. ¡Bien! Lo explica usted a modo
de charada o logogrifo.

ELÍAS. No tomará usted a mal
que extendamos un recibo...

PABLO. Sí, sí, que somos mortales.

ELÍAS. No es decir que desconfío...
Ahí en el café lo pongo
en dos plumadas...

PABLO. Lo firmo,
y estamos del otro lado.

(Se reúne con los demás interlocutores. Don Elías va a entrar en el café, y a la puerta le detiene Don Antonio.)

Cierto negocio preciso
ha motivado mi ausencia...

ELÍAS. Tengo prisa.

ANTONIO. Necesito...

(Siguen hablando los dos en voz baja.)

PABLO. Ahora soy todo de ustedes
hasta ponerme en camino.

ISABEL. (¡Le quiero más que a mi vida,
y me parece delito
el mirarle!)
ELÍAS. Ya hablaremos.
Ya sabe usted dónde vivo...
(¡Cuando el otro va a partir
me detiene este maldito!)
ANTONIO. La hipoteca es abonada.
ELÍAS. Bien, sí...
ANTONIO. Corrientes los títulos...
Si hoy no me socorre usted,
mañana me pego un tiro.
ELÍAS. (¿No hay quien te lo pegue ahora?)

(Con un pie dentro del café.)

Veremos...
ANTONIO. Pero...
ELÍAS. Lo dicho.

(Entra en el café.)

LUPERCIO. *(A Don Antonio y a Don Mariano.)*
Vamos a ver la columna.
¿Qué hacemos en este sitio?
ANTONIO. Sí, vámonos. Señoritas,
a los pies de ustedes. Chicos,
¡buen viaje!
MATÍAS. ¡Abur!
JACINTA. Beso a ustedes
la mano.
PABLO. *(Está muy entretenido hablando con Jacinta desde que se acercó al corro.)*
Adiós...
LUPERCIO. Si servimos
de algo...
MARIANO. Que escribáis...
FROILÁN. Señores...
(¡Gracias a Dios que se han ido!)

ESCENA VII

JACINTA, ISABEL, DON PABLO, DON MATÍAS, DON FROILÁN.

MATÍAS. (Ellos en dulce coloquio
y yo aquí siendo testigo...
Me largo con viento fresco,
que es cruel este suplicio.)
La columna va a marchar,
y yo no me he despedido
de mi familia. Madamas,
¡hasta la vuelta!

FROILÁN. Repito...

ISABEL. Buen viaje.

JACINTA. Abur, don Matías.

MATÍAS. (¡Ah! Voy hecho un basilisco.
Vosotros lo pagaréis,
soldados de Carlos Quinto.)

ESCENA VIII

ISABEL, JACINTA, DON PABLO, DON FROILÁN, DON ELÍAS.
Siguen hablando aparte Don Pablo y Jacinta.

ISABEL. (¡Qué felices son! Y yo...
¡Suerte infeliz, suerte amarga
la de una mujer! Mis labios
sella la vergüenza. El alma
se me arranca, y yo no puedo
decir: ese hombre me mata!)

(Se sienta afligida.)

FROILÁN. Despacio la toman.

(A la puerta del café.)

¡Mozo!
La *Gaceta*. Nunca acaban
de hablar los enamorados.

(El mozo le trae la Gaceta, *se sienta y la lee. Sale Don Elías del café con el recibo en la mano.)*

ELÍAS. ¿No es raro que en estas casas
nunca ha de haber un tintero
corriente?

(Acercándose con el recibo en la mano a Don Pablo, que entretenido con Jacinta no le ve.)

Ya sólo falta
que firme usted...

JACINTA. Sí, mi Pablo.
Mi corazón se desgarra
al verte partir. Si el freno
del pudor no me atajara,
tan briosa como amante
te siguiera a la campaña.
Mas, ya que de este placer
me privan leyes tiranas;
ya que viva no te sigo,
ya que el cielo nos separa,
he aquí mi retrato: toma,

(Da el retrato a Don Pablo.)

bien mío, y amor le haga
escudo que te defienda
de las enemigas lanzas.

ISABEL. (¡Qué suplicio!)

ELÍAS. Con permiso...

PABLO. *(Besando el retrato, que guarda luego en el pecho.)*
¡Oh don precioso!, tú inflamas
mi valor, que con la pena
de ausentarme desmayaba.
Ahora me siento capaz
de las mayores hazañas.

ISABEL. (¡Que no me muriera aquí!)

ELÍAS. Con licencia de esa dama,
la firma...

FROILÁN. *(Levantándose y acercándose a Don Pablo.)*
¡Ah, señor don Pablo!
ELÍAS. (¡Este llorón me faltaba!)
FROILÁN. ¡Inútil valor! ¡Inútil
patriotismo! Está ya echada
la suerte. ¡Pobre nación!
Volverá a gemir esclava.
El genio del mal persigue
a la miserable España.
Tanto afán, tantos tesoros,
tanta sangre derramada
¿de qué han servido? La hidra
de la rebelión levanta
sus cien cabezas. El cielo
nos abandona... ¡No hay patria!
ELÍAS. *(A Don Pablo.)*
Mientras don Froilán parodia
la tragedia de Quintana,
firme usted...
PABLO. Mucho me admiran,
don Froilán, esas palabras
en boca de un español,
de quien liberal se llama.
FROILÁN. Ya verá usted...
PABLO. Ese cuadro
es el parto de una amarga
misantropía... No quiero
atribuirle otra causa.
Mas yo supongo que es fiel;
que mil desastres amagan
al Estado; que peligra
la libertad. Por ser ardua
la lid ¿debemos acaso
abandonar la demanda?
¿Ha de faltarnos el brío
primero que la esperanza?
¿Doblaremos la cerviz
antes de probar la espada?
Sacrificios, no clamores;

tesón, virtudes, no lágrimas,
la nación pide a sus hijos.
Si hoy se pierde una batalla,
no se recobra el honor
sino venciendo mañana.

JACINTA. ¡Bien dicho!

ISABEL. (¿Y no le he de amar?)

ELÍAS. El recibito...

FROILÁN. La llaga
es muy profunda, don Pablo.
Nuestras discordias infaustas
nos llevan al precipicio.
Las pasiones enconadas
nos ciegan; los pueblos gimen;
no hay dinero; esto no marcha;
no vamos todos a un fin;
los partidos...

PABLO. Así hablan
el egoísmo y el miedo.
En las tristes circunstancias
se acrisola el patriotismo,
y el que noble tiene el alma
no se deja dominar
de miras interesadas,
ni de ocultas influencias,
ni de pasiones bastardas.

ELÍAS. Y el que diga lo contrario
es un..., ¿lo digo?, es un mandria.
Don Pablo es buen caballero,
y así maneja la espada
como la pluma. A propósito,
¿quiere usté hacerme la gracia
de firmar...

PABLO. ¡Ah!, sí. El recibo...

(Va a entrar en el café, y le detiene Don Froilán.)

Vamos...

FROILÁN. Nadie me aventaja
en patrio amor; mas al ver

tantos errores y tantas
calamidades, confieso
que mi corazón desmaya.
¡Ay, don Pablo! Rara vez
mis presentimientos fallan.
El yerro mayor de Troya
fue no escuchar a Casandra.
Crea usted a un fiel amigo.
No salga usted a campaña.

JACINTA. ¿Por qué?

PABLO. ¡Es honroso el consejo!

ISABEL. (¡Si pudiera hablar!)

FROILÁN. La baja
de un hombre, sea quien fuere,
no es de tan grave importancia...
Quédese usté en Zaragoza.

PABLO. ¡Bravo! Si esa cuenta echara
cada cual, pronto estaríamos
en una paz octaviana.

FROILÁN. ¡Mire usted que ya en el cielo
leyendo estoy una página
sangrienta! ¡Ya en mis oídos
está silbando la bala
matadora! ¡Ay infeliz!
En vez de bélica palma,
tu generoso ardimiento
va a buscar... ¡una mortaja!

ISABEL. (¡Maldita tu boca sea!)

JACINTA. ¡Ah! ¿Qué estás diciendo? Calla.
¿Por qué afligirnos así?
¡Qué idea!...

PABLO. ¡Bah! Es una chanza.
Si yo creyese en agüeros,
sería un poco pesada.
Pero, en fin, morir lidiando
por la mejor de las causas
es muerte gloriosa.

JACINTA. ¡Ah!, no.
Dios oirá mis plegarias.

PABLO. Sólo por ti lo sintiera.

(Riéndose.)

Por lo demás, no me espanta
la muerte a mí. Y casi, casi,
muriera de buena gana
sólo por dar un petardo
a mis acreedores.
ELÍAS. ¡Cáscaras!
JACINTA. Vamos, deja ya esa broma.
ELÍAS. (¡Ah!, si no firma y le matan...)
Vamos, don Pablo. Esa firma...

(Tocan dentro llamada y tropa. Isabel se levanta.)

PABLO. Vamos...
FROILÁN. ¡Ya suenan las cajas!
JACINTA. ¡Oh pena!
ISABEL. (¡Amargo momento!)
ELÍAS. (¡Voto a...!) Si usted me firmara...
PABLO. *(Abrazando a Jacinta.)*
¡Adiós, bien del alma mía!
La ausencia no será larga.
¿Serás fiel?
JACINTA. Hasta la tumba.
¡Oh!, poco he dicho. La llama
que abrasa mi corazón
ni en el sepulcro se apaga.
ELÍAS. (Los momentos son preciosos.
Traeré el tintero...)

(A un mozo, desde la puerta del café.)

¡Despacha!
¡Un tintero! (Por el gusto
de que yo me ahorque de rabia
se hará matar.)
PABLO. En tus ojos
prisionera dejo el alma.

JACINTA. ¡Adiós!... La pena me ahoga.

(Sollozando.)

Mi corazón te idolatra
más de lo que yo creía.
Si mi desventura es tanta
que por la postrera vez
tu Jacinta fiel te abraza,
¡ay!, te seguiré muy pronto
a la tumba solitaria.
¡Adiós!

PABLO. *(Desprendiéndose de sus brazos.)*
¡Adiós!

FROILÁN. *(Abrazando a Don Pablo.)*
¡Caro amigo!

ELÍAS. *(Con el papel en una mano y el tintero en la otra.)*
(No me dejan meter baza
el amor y la amistad.)

FROILÁN. ¡Adiós! La lengua me embarga
el sentimiento...

PABLO. *(Volviendo a Jacinta, que llora.)*
¡Qué llantos!...
Aunque me fuese a la Habana...
Ea, adiós... No más...

(Yéndose.)

¡Adiós!

ISABEL. *(Con amargura y llorando.)*
(¡Y a mí no me dice nada!)

ELÍAS. ¡Don Pablo!... ¡Señor don Pablo!...

(Volviendo.)

¡Pobre Isabel! Me olvidaba...
Venga un abrazo.

(La abraza.)

ISABEL. (*Estremecida de gozo.*)
(¡Ah, Dios mío!)
PABLO. Case usted a esta muchacha,
don Froilán. Está tan triste...
Adiós. Cuídame a tu hermana.
ISABEL. (¡Infeliz!...) Así lo haré.
ELÍAS. Antes de romper la marcha...

(Viendo Don Pablo que Don Elías se dirige a él con los brazos abiertos, le estrecha en los suyos, y ruedan por tierra papel y tintero.)

PABLO. Sí. ¡Adiós, adiós, don Elías!
ELÍAS. (En vez de firmar me abraza...
¡Adiós, tintero! El papel...)
JACINTA. ¡Pablo!
PABLO. ¡Jacinta!

(Le da el último abrazo, y vase corriendo.)

ELÍAS. *(Buscando la pluma después de haber recogido el tintero.)*
¡Mal haya!...
¡Don Pablito!... ¡Echale un galgo!
¡Don Pablo!... Ya ¿quién le alcanza!

(Arroja enfadado el tintero.)

ESCENA IX

ISABEL, JACINTA, DON FROILÁN, DON ELÍAS.

JACINTA. Vamos a verle marchar...
FROILÁN. No. La gente... Los caballos...
¡Eh! Ya no es tiempo... Y los callos
que no me dejan andar...
¿Y a qué repetir?... No, no.
ELÍAS. (¡Ahí es un grano de anís!
¡Diez onzas!)

JACINTA. Vamos...

(Una música militar toca marcha a lo lejos.)

FROILÁN. ¿Oís?
Suena la marcha. ¡Partió!
JACINTA. ¡No podré vivir sin él!
ELÍAS. ¡Libértale de un balazo,
Virgen del Pilar!
FROILÁN. *(Da el brazo a Jacinta.)*
El brazo,
y a casa. Usted a Isabel.

(Don Elías da el brazo a Isabel.)

ELÍAS. Con mucho gusto. (¡Qué bella!
Esto alivia mi dolor.
A estar de mejor humor,
hoy me declaraba a ella.)
FROILÁN. ¿Qué hace usted tan pensativo?
Ande usted.
JACINTA. ¡Qué desconsuelo!
ISABEL. (Me ha dado un abrazo. ¡Oh cielo!)
ELÍAS. (¡No me ha firmado el recibo!)

ACTO SEGUNDO

LA MUERTE

Sala en la casa de Don Froilán. A la derecha del actor la puerta que conduce a la de la escalera; a la izquierda otra que guía a las habitaciones interiores, y otra en el foro con vidriera y cortinas.

ESCENA PRIMERA

ISABEL. Aparece sentada junto a un velador donde habrá varios periódicos y acabando de leer uno.

ISABEL.
Ni cartas confidenciales,
ni partes, ni conjeturas
siquiera... Desde que entró
la brigada en Cataluña
no ha vuelto a saberse de ella.
¿Qué suerte será la suya?
No escribir en tantos días
don Pablo... ¡Mortal angustia!
¿Habrán sido derrotados?
Alguna emboscada, alguna
sorpresa... Pero muy pronto
las malas nuevas circulan.
Parciales y confidentes
tiene la rebelde turba
dondequiera, y cuando callan
es seguro que no triunfan.
Esta reflexión me vuelve
la esperanza. Sí, me anuncia
el corazón...

ESCENA II

ISABEL, DON FROILÁN.

FROILÁN. ¡Hola! ¡Cómo
te aplicas a la lectura
estos días! ¿También tú
te aficionas como muchas
a las cuestiones políticas
más que a la plancha y la aguja?

ISABEL. A todos nos interesa
saber quién vence en la lucha
funesta que nos divide.

FROILÁN. Eso ya no admite duda;
al fin cantarán victoria
Don Carlos y la cogulla.
Ya todo esfuerzo es inútil.
Nuestro mal no tiene cura.
La libertad es aquí
planta exótica, infecunda.
La sociedad se desquicia
y la patria se derrumba.

ISABEL. *(Entre dientes.)*
Si como tú se echan todos
en el surco...

FROILÁN. ¿Qué murmuras?
Yo soy un buen ciudadano;
Yo siento que la fortuna
nos vuelva la espalda, y son
mis intenciones muy puras;
pero, en fin, estaba escrito
allá arriba, y es locura...
Repasaré esos periódicos,
sin embargo. Ni disputas
políticas, ni noticias
busco en ellos: son absurdas
comúnmente las primeras
y fatales las segundas;
pero en tanto que me sirven

el desayuno, me gusta
recrearme con un trozo
de amena literatura,
descifrar una charada,
reírme con una pulla...
Así me distraigo un poco,
y las lágrimas se enjugan
que a mi corazón arrancan
las calamidades públicas.

(Se iba con los papeles, y vuelve.)

¡Ah! ¿Viene aquí alguna nueva
de nuestra marcial columna?
ISABEL. ¡Nada!
FROILÁN. ¡Pues! ¡Lo que yo digo!
¡Pereció! ¡Todo se frustra!
La falta de dirección...
Alguna mano perjura
sin duda los hizo presa
de *Tristany* o *Camas-Crúas*.
¡Qué dolor de juventud!
¡La flor de Cesaraugusta!...

(A Don Elías, que entra.)

¡Oh amigo! Soy con usted.
¡Qué horror! El almuerzo, Bruna.

ESCENA III

ISABEL, DON ELÍAS.

ISABEL. ¡Ay, desgraciada! Su triste
presagio me hace temblar.)
ELÍAS. (Yo la voy a declarar
mi amor... y *laus tibi, Christe.*)
Para un asunto de urgencia,
que diré en lenguaje explícito,

concédame usted, si es lícito,
cuatro minutos de audiencia.
Yo la amo a usted. Más conciso
ningún amante sería,
y es que entra en mi economía
no hablar más de lo preciso.
En paz y en gracia de Dios
que hemos de vivir entiendo,
y no es maravilla, siendo
capitalistas los dos.
Mi caudal es la salud,
el dinero y la alegría,
y el de usted, señora mía,
la hermosura y la virtud.
(Paso en silencio su dote,
que es lo que más me acomoda.)
Ajustemos, pues, la boda,
y casémonos a escote.
Mucho vale el ser hermosa;
mi amor sea el testimonio;
pero un rico patrimonio
también vale alguna cosa.
No sé qué será peor
en este mundo embustero;
si hermosura sin dinero,
o dinero sin amor;
mas siempre que a lo segundo
lo primero unido va,
allí la ventura está,
o no hay ventura en el mundo.
Aunque en la ciudad se suena
que soy dado a la avaricia,
comer bien es mi delicia...
(cuando como en casa ajena).
Ello sí, como está en moda,
la economía cursé,
y a todo la aplicaré...
menos al pan de la boda.
Poco avaro, en fin, soy yo

cuando a casarme me allano.
Conque... ¿acomoda mi mano?
Responda usted: sí o no.

ISABEL. Aunque debo celebrar
con más risa que sorpresa
el sumo donaire de esa
declaración singular,
merece el que así me honró
igual franqueza de mí.
No puedo decir que sí.

ELÍAS. ¿Luego dice usted que no?
¡Cruel mujer!

ISABEL. No. Sincera.

ELÍAS. ¡Tal desvío a mi pasión!
¡Ah! ¿Tiene usted corazón?

ISABEL. ¡Ojalá no lo tuviera!

ELÍAS. Si no ha de ser para mí,
si otro hombre lo cautivó...

ISABEL. No puedo decir que no.

ELÍAS. ¿Luego dice usted que sí?
¿Habrá fortuna más perra?
¿Habrá mujer más ingrata?
Si dice que no, me mata;
si dice que sí, me entierra.

ISABEL. ¡Ay, don Elías, que el cielo
con mayor mal me atormenta!
Ese no que usted lamenta
fuera para mí un consuelo.

ELÍAS. ¡Cómo!...

ISABEL. Basta ya, si es chanza.
Si habla usted de veras...

ELÍAS. Sí.
¡Oh!...

ISABEL. Yo no tengo, ¡ay de mí!,
ni puedo dar esperanza.
Con harta pena lo digo.

ELÍAS. ¿Qué va a ser de mí, Isabel?

ISABEL. Sea usted mi amigo fiel.
Yo he menester un amigo.

ELÍAS. Algo más quise alcanzar,
mas lo seré. (Y me conviene,
porque al fin y al cabo tiene
haciendas que administrar.)

ESCENA IV

ISABEL, DON ELÍAS, JACINTA.

JACINTA. ¡Oh, que está aquí don Elías!
Lo celebro mucho.
ELÍAS. Siempre
a los pies de usted. ¿Qué tal?
¿Hay noticias del ausente?
JACINTA. Ninguna. Nada se sabe;
ni hay cartas, ni los papeles
públicos me dan indicios
de si vive o de si muere.
ELÍAS. No es extraño que en la guerra
los correos se intercepten,
mas no tenga usted cuidado,
porque la facción rebelde
o no osará combatir
con nuestra tropa valiente,
o pagará su osadía
muy cara.
JACINTA. Pero, ¡tenerme
sin saber de él tanto tiempo!
Si es cierto que bien me quiere,
¿cómo no ha hallado camino
para hablarme de su suerte,
de su amor?... ¡Su amor!... Jacinta
ya tal vez no lo merece.
Quizá a los pies de otra dama
ha puesto ya sus laureles.
ISABEL. No digas tal de don Pablo,
pues ningún motivo tienes
para dudar de su fe.

JACINTA. ¡Ah, que la ausencia es la muerte
del amor! Los hombres...

ELÍAS. Son
pérfidos, inconsecuentes...
¡Hombres! ¡Oh!, yo no los quiero...
Me gustan más las mujeres.

UN CIEGO. *(Dentro, gritando.)*
El suplimiento al *Patriota Aragonés,* que acaba de salir ahora nuevo, con noticias interesantes.

ISABEL. ¿Qué grita ese ciego? Oigamos...

JACINTA. Suplemento...

ISABEL. (¡Ay, Dios! Si fuese...)

EL CIEGO. Con la completa derrota de la faición del Canónigo, por la colufna que salió de esta capital en su presecución...

ISABEL. ¿Has oído? ¡Ah! Don Elías...

JACINTA. ¡Qué gozo!

ISABEL. Corra usted, vuele...

ELÍAS. El suplemento... Sí... Voy...
(Es chasco que se me peguen
los cuartos...) No tengo suelto...

ISABEL. ¡Oh Dios mío!

JACINTA. *(Dándole el ridículo, del cual saca cuartos Don Elías.)*
Aquí habrá.

ELÍAS. Nueve...
diez... Hay bastante.

JACINTA. ¡Qué plomo!

ISABEL. ¡Vamos!

ELÍAS. *(Yéndose.)*
(Si lo saco en siete...)

ESCENA V

JACINTA, ISABEL.

EL CIEGO. (*Dentro.*)
El suplimiento al *Patriota Aragonés,* que acaba de salir ahora nuevo, con la derrota... ¿Quién llama?

ISABEL. Ya los afanes cesaron.
Nuestros milicianos vencen.

Pronto a los dulces hogares
volverán... ¡Ah, cuán alegre
estoy!

JACINTA. ¡Pablo de mi vida!
Vuelve a mis brazos. ¡Oh! Vuelve
la dicha a mi corazón.

ESCENA VI

JACINTA, ISABEL, DON ELÍAS.

ELÍAS. *(Con un impreso.)*
¡Victoria! Escuchen ustedes.
(*Lee.*)

«La columna expedicionaria de Zaragoza ha dado un día de gloria a la nación. La gavilla del Canónigo ha sido batida, destrozada a las inmediaciones de Gandesa. Así lo afirma de oficio el alcalde constitucional de dicha villa, y se espera de un momento a otro el parte circunstanciado. Mientras llega y lo publican las autoridades, no queremos retardar a nuestros lectores tan fausta noticia. Nuestros bizarros milicianos han rivalizado en pericia y valor con las beneméritas tropas que han tenido parte en la acción. ¡Viva la libertad! ¡Viva Isabel II!»

ISABEL. ¡Oh cielo, yo te bendigo!
ELÍAS. Doy a usted mil parabienes,
Jacinta.
JACINTA. ¡Y Pablo no escribe!
ISABEL. Querrá tal vez sorprenderte...
ELÍAS. Aquí viene don Froilán.
¡Qué cara de *miserere!*

ESCENA VII

ISABEL, JACINTA, DON ELÍAS, DON FROILÁN.

FROILÁN. Todo el barrio se alborota;
los ciegos van dando gritos...

¿Qué anuncian esos malditos?
Sin duda, alguna derrota.

JACINTA. Derrota: tienes razón.

FROILÁN. ¿Lo veis? ¡Oh días aciagos!

ISABEL. Mas quien llora sus estragos
es la enemiga facción.

FROILÁN. Dirán que es suyo el revés,
mas yo temo que en el lance...

ELÍAS. ¡Oh!... Lea usted el alcance
del *Patriota Aragonés.*

(Le da el impreso, y lo lee para sí Don Froilán.)

JACINTA. En todo ve mal agüero.

ISABEL. En nada encuentra placer.

ELÍAS. Corneja debía ser
ese hombre, o sepulturero.

FROILÁN. Es muy vaga la noticia.
Es atrasada la fecha.
Si fue la facción deshecha,
¿qué se hizo nuestra milicia?
En la guerra hay mil azares,
y, además, la exactitud
no siempre fue la virtud
de los partes militares.
Muchos planes y cautelas,
y alardes y movimientos,
y zanjas y campamentos,
y curvas y paralelas.
Mucho de causar zozobras
a las fuerzas enemigas;
de encarecer las fatigas,
de describir las maniobras.
Mucha recomendación;
mucho de Roma y Numancia;
y ¿qué nos dice en sustancia
el jefe de división?
Que anduvimos cuatro leguas;
que el faccioso echó a correr

dejando en nuestro poder
una mochila y dos yeguas;
que allí hubieran muerto muchos
de la gavilla perjura
a no ser la noche oscura
y a no faltar los cartuchos;
que el cabecilla vasallo
huyó a tiempo de la quema,
y se salvó... por la extrema
ligereza del caballo;
que por falta de refuerzo
deja el campo de batalla
y va a esperar la vitualla
a Villafranca del Bierzo;
que envíen francas de portes
diez cruces de San Fernando;
y concluye suplicando
al ministro y a las Cortes
que sin exigir recibo
le traigan los maragatos
seis mil pares de zapatos
y un millón en efectivo.

JACINTA. Jefes hay que en tu pintura
su historia acaso verán,
pero no todos, Froilán,
merecen esa censura.

ISABEL. Ver siempre males eternos
es fatal filosofía.

ELÍAS. Se previene por si un día
va a parar a los infiernos.

ESCENA VIII

ISABEL, JACINTA, DON ELÍAS, DON FROILÁN, RAMÓN.

RAMÓN. Esta carta para usted.

(Da una carta a Jacinta.)

JACINTA. ¡Es letra de don Matías!

¿Y don Pablo?... ¿No hay más cartas?
RAMÓN. No hay más que ésa, señorita.

ESCENA IX

JACINTA, ISABEL, DON FROILÁN, DON ELÍAS.

ISABEL. ¡No escribir don Pablo! (¡Oh Dios!)
FROILÁN. Eso me da mala espina.
JACINTA. ¡Qué ingratitud!
ELÍAS. Abra usted
pronto esa carta, Jacinta,
y saldremos de inquietudes,
y ahorraremos profecías.
JACINTA. *(Abre la carta y lee.)*
«En el mismo campo de batalla, cubierto de cadáveres enemigos, me apresuro a participar a usted la victoria de nuestras armas. Los restos de la facción huyen dispersos y aterrados, y una parte de la columna los persigue y acosa en todas direcciones. Yo también parto ahora en su seguimiento. La pérdida del enemigo es grave; la nuestra muy corta: cuatro soldados muertos y unos veinte heridos, todos de tropa...»
ISABEL. (¡Ah! Respiro.)

(A Don Froilán.)

¿Lo ve usted?
FROILÁN. Déjela usted que prosiga
leyendo, y harto será
que alguna mala noticia...
JACINTA. Lo demás son cumplimientos,
memorias, galanterías...
¡Es tan fino aquel muchacho!
En el campo, entre las filas,
rendido acaso del hambre,
de la sed, de la fatiga,
me escribe tan obsequioso;
y al que en la amarga partida
me juró constancia eterna

¡no le merezco dos líneas!
Así son todos los hombres.
¡Necia la que en ellos fía!

ISABEL. No habrá podido escribir.

ELÍAS. Muchas cartas se extravían...

FROILÁN. Mi corazón es leal.
No en vano me lo decía.
Don Pablo es un aturdido.
Engolfado en la milicia,
ya no se acuerda de ti.

ISABEL. (¡No tuviera yo esa dicha!)

FROILÁN. Alguna linda patrona
en sus brazos le cautiva.

ISABEL. (¡Ay, eso no!)

JACINTA. ¡Quién creyera
que su amor fuese mentira!

UNA CIEGA. *(Dentro.)*
El supimiento al *Boletín Oficial.*
El supimiento extraudinario.

ISABEL. ¿Habéis oído? Otro parte,
sin duda...

ELÍAS. Será la misma
relación...

JACINTA. Manda a comprarlo,
Froilán.

FROILÁN. Alguna engañifa...

ESCENA X

ISABEL, JACINTA, DON ELÍAS, DON FROILÁN, RAMÓN.

RAMÓN. Aquí está el impreso.

ELÍAS. Venga.

RAMÓN. Parece que se confirma...

FROILÁN. Bien está, sí. Ya sabemos
leer. Vete a la cocina.

ESCENA XI

ISABEL, JACINTA, DON ELÍAS, DON FROILÁN.

ELÍAS. *(Lee.)*
«Capitanía general de Aragón. Hago saber al público para su satisfacción que los rebeldes han sido, en efecto, batidos completamente entre Mora y Gandesa por la valerosa columna de milicianos y tropa que salió últimamente de esta capital. Mientras se imprime y publica el parte circunstanciado, me complazco en asegurar a este heroico vecindario que nuestra pérdida sólo ha consistido en seis hombres muertos, entre ellos un oficial, y dieciocho heridos, ascendiendo la del enemigo a ciento veinte de los primeros, sobre trescientos de los segundos, y más de quinientos prisioneros. Zaragoza, etc.»

ISABEL. ¡Ah! ¿Quién será ese oficial
muerto? ¿Será por desdicha...
don Pablo?

FROILÁN. ¡Pues! ¡Si lo dije!

JACINTA. ¡Jesús qué fatal manía
de presagiar infortunios!

ELÍAS. Si alguno de la Milicia
hubiera muerto en la acción,
en su carta lo diría
don Matías.

JACINTA. Cierto. Esa
reflexión me tranquiliza.

FROILÁN. Aun seguían nuestras tropas
a las huestes fugitivas
cuando se escribió la carta;
esto y el no haber noticias
de don Pablo, hacen temer
que alguna bala homicida
abrevió, ¡desventurado!,
la carrera de sus días.

ISABEL. ¡Ah! ¡Fundado es su temor!

JACINTA. Que lo tema y no lo diga.
Parece que se deleita

en afligir...

ELÍAS. ¿Y no había
más oficiales allí?
¿Qué razón nos autoriza
a suponer que entre tantos
tocó a don Pablo la china?
Otro pudo ser el muerto:
quizá el mismo que escribía
tan gozoso...

JACINTA. ¡Oh! Sí. ¿Quién sabe?...
Dice en su carta que él iba
a marchar segunda vez
contra la fuerza enemiga.

FROILÁN. Pues bien, el uno o el otro,
ya no hay duda, han sido víctimas.
¡Tal vez entrambos! ¡Oh guerra!
¡Guerra infausta, fratricida!
¡Pobres muchachos!... En fin,
¡estaba escrito allá arriba!
No han de dar vida a los muertos
nuestras lágrimas tardías.
Yo me voy a mis negocios.
Esas cosas me contristan
sobremanera. De hoy más
nadie me hable de política.
Soy sensible...

(A Jacinta e Isabel.)

¡Eh! No lloréis...
Dios guarde a usted, don Elías.

ESCENA XII

ISABEL, JACINTA, DON ELÍAS.

ELÍAS. Maldita sea tu estampa,
y otra vez sea maldita.
¿Por qué no lleva a una gruta

su negra misantropía?
Malo está ese hombre. Yo creo
que padece de ictericia.

JACINTA. (¡Mi Pablo! ¿Será posible...?
¡La prenda del alma mía!...
¡Ah, qué amargura! Y el otro...
El amable don Matías...
Lástima fuera por cierto...)

ELÍAS. (Y ello..., si bien se examina...,
no es temerario el pronóstico.
Lo cierto es que los carlistas
no tiran con algodón.
Broma pesada sería
haberse muerto don Pablo
dejándome a mí *per istam*
sin cobrar aquella cuenta,
y en circunstancias tan críticas.)

ISABEL. (Saber la verdad anhelo...,
y tiempo de descubrirla.)

JACINTA. (¡Tan bizarros y morir
en lo mejor de su vida!)

ELÍAS. (Diez onzas me debe el uno,
y el otro sólo una fina
amistad. Si el uno de ellos
expiró, Virgen Santísima,
¡que sea el vivo don Pablo
y el difunto don Matías!)

ISABEL. (No quiero que nadie muera;
quiero que don Pablo viva,
aunque otra mujer le goce...,
y yo me muera de envidia.)

MATÍAS. *(Dentro.)*
¿Dónde están?

JACINTA. *(Corriendo a recibirle.)*
Esa voz...

ISABEL. *(Lo mismo y también Don Elías.)*
¿Qué oigo?

ELÍAS. ¡Amigo!

ISABEL. ¡Cielos!
MATÍAS. *(Entrando.)*
¡Jacinta!

ESCENA XIII

ISABEL, JACINTA, DON ELÍAS, DON MATÍAS.

JACINTA. ¡Bien venido el vencedor!
ISABEL. ¿Y don Pablo?
JACINTA. ¡Cuánto polvo!
MATÍAS. Apenas hace una hora
que llegué...
ISABEL. Pero...
ELÍAS. Usted solo...
MATÍAS. Solo. Yo he traído el parte
de nuestro triunfo glorioso.
En casa del general
me han tenido hasta hace poco;
he abrazado a mi familia,
y sin quitarme este lodo
vengo a saludar a ustedes.
JACINTA. ¿Y sabes que viene gordo,
Isabel? Pero don Pablo...
ISABEL. ¡Ah! ¿Qué es de él? ¿Vive?
MATÍAS. El destrozo
del enemigo fue grande,
pero los humanos gozos
¡cuán rara vez son completos!
JACINTA. ¡Cómo!
ISABEL. ¡Acabe usted!
MATÍAS. El rostro
de la fortuna no siempre
sonríe al valor heroico.
JACINTA. ¿Será posible?...
ISABEL. ¡Ah! ¡Murió!
JACINTA. ¡Cumplióse el fatal pronóstico
de Froilán!

MATÍAS. Siento afligir
a ustedes. Su ciego arrojo...
ISABEL. ¡Ay, dolor! ¡Ay, desventura!

(Se deja caer en una silla y llora amargamente.)

ELÍAS. (¡Mi dinero!) ¡Pobre mozo!...
JACINTA. Bien mi corazón temía...
MATÍAS. Justo es, Jacinta, ese lloro,
mas si la flor de su vida
cortó el enemigo plomo,
al menos murió vengado,
y en los siglos más remotos
vivirá inmortal su nombre.
ISABEL. ¡Dios mío! ¡Salvarse todos,
y él solo morir!
JACINTA. ¡Mi Pablo!
MATÍAS. Persiguiendo a los facciosos
con más valor que cautela...
ISABEL. ¿Y nadie le dio socorro?
MATÍAS. ¿Y quién detiene una bala,
Isabel? Ciego de encono
contra la armada facción,
se desvió de nosotros
demasiado cuando ya
la columna, después de ocho
o diez horas de pelea,
necesitando reposo,
se acantonaba triunfante
en los pueblos del contorno.
JACINTA. ¡Ah! ¿Quién se lo hubiera dicho?
¡Infeliz!
ELÍAS. (¡Diez onzas de oro!)
ISABEL. ¡Y abandonado en el monte.
será presa de los lobos
su cadáver insepulto!
Y ¿quién sabe si esos monstruos
ceban la impotente saña
en sus sangrientos despojos!

¡Ah!

(Queda abismada en su dolor.)

ELÍAS. ¡Qué horror!... ¿Murió don Pablo
sin reconocer...?
MATÍAS. Supongo...
ELÍAS. (¡Ah!, ¿de quién reclamo?... Ese hombre
estaba dado al demonio.
¿A quién le ocurre morirse
sin arreglar sus negocios?)

(Se sienta en otra silla junto a Isabel, y de cuando en cuando le dirige la palabra para consolarla.)

MATÍAS. También yo corrí peligro
de quedar allí.
JACINTA. *(Con interés.)*
Pues ¿cómo...?
MATÍAS. Me pasó el chacó una bala,
y otra me alcanzó en el hombro.
JACINTA. ¡Cielos! ¿Fue grave la herida?
MATÍAS. No; me lastimó muy poco.
Venía cansada. Y siento,
no haber caído redondo
en el campo de batalla.
JACINTA. No diga usted despropósitos.
MATÍAS. Más vale morir amado
que pasar el purgatorio
en vida, siendo el objeto
del menosprecio, del odio
de una ingrata.
JACINTA. ¿Y es posible
que cuando lloran mis ojos
la desgracia de don Pablo
usted me hable de ese modo?
MATÍAS. ¡Ah!, si el muerto fuese yo,
no bañara usted su rostro

en lágrimas de amargura.

JACINTA. ¿Por qué no? ¿Soy algún tronco
insensible?

MATÍAS. Usted me dijo...;
burla fue, bien lo conozco,
que me amaría a no estar
comprometida con otro.

JACINTA. Y crea usted... Pero, ¡ay, Dios!,
dejemos este coloquio.
Necesito desahogar
mi corazón en sollozos.
No debo pensar ahora
sino en mi Pablo. Aun le oigo
decirme el último adiós
tan tierno, tan amoroso...
¡Y eterna fidelidad
le juré yo! Si de pronto
aquí se alzara su sombra,
¡cuál sería mi sonrojo!

MATÍAS. No. Don Pablo desde el cielo
aprueba nuestro consorcio.
¿Sabe usted lo que me dijo...
(apelemos al embrollo)
cuando rompimos el fuego
contra el rebelde Canónigo?
«Tú eres mi mejor amigo,
Matías. Si cierro el ojo,
a ti dejo encomendada
mi Jacinta. Sé su esposo,
y el Ser Supremo bendiga
vuestro casto matrimonio.»

JACINTA. ¿Eso dijo?

MATÍAS. Ah, sí, señora,
y lo dijo con un tono
de solemnidad profética
que llenó mi alma de asombro.

JACINTA. ¡Pobrecillo! ¡Ay, Dios! Ahora
con más motivo le lloro.

MATÍAS. Yo también lloro y me aflijo,

y más cuando reflexiono,
Jacinta, que no merezco
heredar tanto tesoro.

JACINTA. Merecerlo..., ¡ah!..., sí.

MATÍAS. ¿De veras?
Esa palabra es el colmo
de mi gloria.

JACINTA. Yo ¿qué he dicho?
Por ahora nada respondo.
La memoria de don Pablo
es un cordel, es un tósigo
que me mata. Si algún día
la paz del alma recobro...

MATÍAS. ¡Bien mío!

JACINTA. *(Bajando la voz.)*
¡Ah! Váyase usted,
que no estamos entre sordos.

MATÍAS. (Dice bien.)

JACINTA. Usted vendrá
fatigado, y es forzoso
descansar.

(Siguen hablando aparte.)

ELÍAS. *(Se levanta.)* (No me responde.
Veo que en vano la exhorto
a consolarse... Y a mí
¿quién me consuela? Hoy no como
de pena..., aunque esto no entraba
en mis planes económicos.
Vámonos de aquí.) Señora...

MATÍAS. Si viene usted hacia el Coso,
vamos juntos. Señoritas...

(Bajo a Jacinta.)

No olvide usted que la adoro.
Hasta luego.

JACINTA. Adiós, señores.
ELÍAS. (Otra vez yo ataré corto
al que me pida dinero.
Sin recibo... y testimonio
de no morir insolvente,
no vuelvo a prestar al prójimo.)

ESCENA XIV

ISABEL, JACINTA.

JACINTA. ¡Tú, Isabel, llorando así!
Me admira tu amargo duelo.
¿Habrá de darte consuelo
quien lo esperaba de ti?
ISABEL. *(Se levanta.)*
Viendo en mi frente la pena
dices que admirada estás...
Yo debo admirarme más
de ver la tuya serena.
JACINTA. ¡Ah, que es mucha mi aflicción
aunque ves mi rostro enjuto!
ISABEL. Cuando en el rostro no hay luto,
no hay pena en el corazón.
JACINTA. Sabe el cielo...
ISABEL. Sabe el cielo
que en alma capaz de amor
no es verdadero dolor
dolor que pide consuelo.
No hipócrita al cielo implores.
¡Aún el cuerpo no está frío
del que te dio su albedrío,
y de otro escuchas amores!
JACINTA. Siempre me amó don Matías,
y aunque en tan mala ocasión
me recuerda su pasión,
yo no sé hacer groserías.

No es culpa mía, Isabel,
que ese muchacho me quiera;
ni porque Pablo se muera
he de enterrarme con él.
Yo le amé mientras vivió.
Si el cielo cortó sus días,
y no ha muerto don Matías,
¿puedo remediarlo yo?
No es decir que esté dispuesta
a admitir amante nuevo,
aunque en justicia no debo
darle una mala respuesta.
Don Pablo, que era su amigo,
le dijo que si él moría
y yo en ello consentía,
se desposase conmigo.
Harto en mi dolor demuestro
cuán de veras he sentido
que se haya, ¡ay de mí!, cumplido
aquel presagio siniestro;
mas yo ahora te pregunto:
si al otro llego a querer,
¿hago más que obedecer
la voluntad del difunto?

ISABEL. ¡Su voluntad! ¡Impostura!
¡Maldad! Quien de veras ama,
con el amor que le inflama
desciende a la sepultura.
Si el pago que tú le das
sabido hubiera al morir,
pudiérate maldecir,
pero ¿olvidarte? ¡Jamás!
¡Así tu lengua le infama!
¿Qué amante, si de este nombre
es merecedor, a otro hombre
deja en herencia su dama?
No, que es la dulce mitad
de su alma, y en la agonía
tras sí llevarla querría

a la inmensa eternidad.
JACINTA. Tanta exaltación me asombra
y tan extraña amargura.
¿Le amabas tú, por ventura,
que así defiendes su sombra?
ISABEL. Le amaba... ¿Qué digo? Le amo,
le idolatro todavía,
y él sólo me arrancaría
las lágrimas que derramo.
Él ignoró mi tormento
—¡triste ley de la mujer!—,
y ni aun pude merecer
cortés agradecimiento.
Ahora sin rubor quebranto
del silencio la cadena;
¡ahora que la dicha ajena
no turbaré con mi llanto!
Ya no temo adversa suerte,
ni rivales, ni baldón.
Sagrada es ya mi pasión.
¡La divinizó la muerte!
JACINTA. ¿Tú le amabas, Isabel?
Absorta me dejas.
ISABEL. ¡Cielos!
Sin esperanza..., con celos...
¿Hay suplicio más cruel?
Y otra vez lo sufriría,
aunque penando muriera,
porque a la vida volviera
el dueño del alma mía.
Yo infeliz no borraré
su imagen de mi memoria;
y tú, que fuiste su gloria,
¡le guardas tan poca fe!
JACINTA. Deja ya reconvenciones.
No porque celos te di
te quieras vengar de mí
con importunos sermones.
ISABEL. ¡Jacinta!

JACINTA. ¡Calla, por Dios!
Amar sin consuelo es duro;
mas también es fuerte apuro
el verse amado por dos.
Mujeres hay, más de diez,
que a dos suelen contentar;
pero yo no puedo amar
más que uno solo a la vez.
Pues basta con un esposo,
querer a dos es punible
pero mi pecho es sensible...
y no puede estar ocioso.
Iguales galanterías
debí a los dos de que hablo,
mas mientras vivió don Pablo
no quise yo a don Matías.
¿Y no será un desacierto,
si ahora de amarle me privo,
matar sin piedad al vivo
porque no se ofenda el muerto?
Su especial filosofía
cada cual tiene en secreto,
y pues la tuya respeto,
déjame en paz con la mía.

ESCENA XV

ISABEL.

ISABEL. ¡Alma a quien el alma di,
si a las dos nos escuchaste,
mira a qué mujer amaste!
¡Júzgala y júzgame a mí!

ACTO TERCERO

EL ENTIERRO

Plazuela con fachada y puerta de iglesia en el foro. Entre las casas hay una cuyo portal está abierto y alumbrado. Enfrente de dicha casa hay una barbería.

ESCENA PRIMERA

DON FROILÁN, DON ELÍAS, JACINTA, DON MATÍAS. Don Matías viene delante con Jacinta de bracero; los cuatro se dirigen al portal abierto. Todos con abrigos.

MATÍAS. Mucho sufriré esta noche,
Jacinta.
JACINTA. ¿Por qué lo dices?
MATÍAS. Porque estás bella en extremo,
y vendrán de quince en quince
a colmarte de lisonjas
los que conmigo compiten.
JACINTA. ¿Qué importa, si sólo a ti
el alma mía se rinde?
MATÍAS. ¡Oh dicha! Sólo te ruego
que no bailes con el títere
de Ferminito.
JACINTA. Contigo
sólo, mi bien.
MATÍAS. ¡Qué felices
seremos cuando el enlace
suspirado...!

(Sigue hablando en voz baja con Jacinta. Los cuatro se han parado junto a la puerta.)

FROILÁN. *(A Don Elías.)*
¿Usted no asiste
al baile?
ELÍAS. Tengo un asunto...
FROILÁN. Pues yo también pienso irme
a la ópera y volver;
porque los bailes me embisten,
aun siendo de confianza
como éste.
ELÍAS. A tales convites
soy yo poco aficionado.
Si además de los violines
hubiese cena... Lo digo
por la broma y por los brindis.
JACINTA. ¿Qué hacemos aquí? ¿No subes?
FROILÁN. Vamos.

(Entran en la casa.)

ELÍAS. Ea, divertirse.

ESCENA II

DON ELÍAS.

Hora es de entrar en la iglesia,
y aunque un funeral es triste
función, Isabel la paga,
y basta que ella me fíe
sus secretos y yo sea
su amigo y correvedile,
para acompañarla pío
hasta el postrer *parce mihi*.

(Las campanas tocan a muerto.)

Esa fúnebre campana
me recuerda, ¡ay infelice!,

mis diez medallas difuntas;
y a fe que no se redimen
las ánimas de esa especie
con responsos ni con kyries.
¿Y habré de rezar al muerto
después que fue tan caribe
que se llevó al otro mundo
mis pobres maravedises?
Si al menos, en justo premio
de un esfuerzo tan sublime,
ya que Isabel no me dé
su mano y su dote pingüe,
me confiriese el empleo
de su curador *ad litem*...
Pero en el templo me espera.
Vamos... ¡Ah, qué bella efigie!
¡Lástima de criatura!
¡Por un muerto se desvive,
cuando suspira por ella
un vivo de mi calibre!

(Al entrar Don Elías en la iglesia llegan hablando Don Antonio y sus amigos. Oyese otra vez la campana.)

ESCENA III

DON ANTONIO, DON LUPERCIO, DON MARIANO, EL BARBERO.

ANTONIO. La noche no está muy fría.
No entremos, que aun es temprano.
LUPERCIO. ¿Dónde encenderé este habano?
MARIANO. Ahí está la barbería.
LUPERCIO. Dices bien.

(A la puerta, y sale el Barbero.)

¡Ave María!
¿Podré encender este puro?
BARBERO. ¡Señor don Lupercio Muro!

Ya sabe usted que en mi casa...

(Entra, y vuelve a salir al momento con la luz; enciende en ella su cigarro Don Lupercio, y se la vuelve.)

Dame esa luz, Nicolasa.
¿Va usted de baile? Seguro.

LUPERCIO. Sí; subiremos después.

BARBERO. Cuidadito, que el demonio...
¡Hola! Ahí está don Antonio...
y don Mariano... (¡Qué tres!)
Ofrezco a ustedes cortés
la justa hospitalidad,
la cena, la facultad,
conversación, la guitarra...

ANTONIO. *(En voz baja a sus amigos.)*
No, que el oído desgarra.
Gracias, maestro. Escuchad.

(Saludan al Barbero, y se pasean por la plazuela conversando en voz baja.)

BARBERO. Yo celebro que en la plaza
prefieran pasar el rato,
porque entre ese triunvirato
no podría meter baza.
Tienen lenguas de mostaza;
sobre todo, el cocodrilo
de don Antonio. ¿Hay asilo
que de su pico defienda
la honra? No hay en mi tienda
navaja de tanto filo.
Que hable y murmure un barbero,
eso es moneda corriente,
pero ¡ser tan maldiciente
un ilustre caballero!
Ya se ve, el ocio, el dinero...

(Se oye la música del baile.)

¡Hola! El violín se hace rajas,
y entretanto las barajas...
¡Qué inmoralidad! ¡Qué vicio!...
Mas cada cual a su oficio.
Afilemos las navajas.

(Al entrarse el Barbero en su tienda aparece embozado Don Pablo.)

ESCENA IV

DON ANTONIO, DON LUPERCIO, DON MARIANO, EL BARBERO, DON PABLO.

PABLO. Por aquí atajo camino.
Tiro después a la izquierda...
¡Oh Jacinta! ¡Cuál va a ser
tu alegría, tu sorpresa!...
Quizá no haya recibido
mis cartas; quizá me tenga
por muerto. De todas suertes
es imposible que sepa
mi llegada. Entrar de incógnito
ha sido feliz idea,
y apearme en un mesón.
Antes que llegue a su puerta
quiero besar otra vez
su adorada imagen bella.

(Saca el retrato y lo besa.)

¡Bien mío!, ¿serán iguales
tu hermosura y tu firmeza?
¡Ah!, no lo dudo. Volemos...

(La música no ha cesado. Las campanas vuelven a sonar.)

Mas ¿qué campanas son ésas?
¡Tocan a muerto! Con malos
auspicios vuelvo a mi tierra.
No he temido en la campaña
a balas ni bayonetas,
y sin poder remediarlo
esas campanas me aterran.
¡Por cierto que es miserable
la humana naturaleza!
¡A muerto, sí! En ese templo
están celebrando exequias...
¿Si entraré?... Mejor será
preguntar en esta tienda.
¡Desgracias!

BARBERO. *(Saliendo.)*
Adelante.
La navaja está dispuesta.
Entre usted. Le afeitaré
con primor y ligereza.

PABLO. No lo necesito. Gracias.
Parece que en esa iglesia
hay entierro. ¿Sabe usted
quién es...; digo mal, quién era
el muerto?

BARBERO. Don Pablo Yagüe.

PABLO. (¡Demonio!) ¿Habla usted de veras?

BARBERO. Lo que oye usted; sí, don Pablo,
natural de Cariñena,
vecino de Zaragoza,
hacendado, hombre de letras,
de estado soltero, edad
como de veintiocho a treinta,
oficial movilizado,
buen mozo, *et caetera, et caetera.*

PABLO. (Peregrina es la aventura;
y el hombre da tales señas...
Lo más singular del caso
es el ser yo a quien lo cuenta.)

BARBERO. Ya nadie ignora su muerte,

ni aun los niños de la escuela.
PABLO. (¡Bravo! Puede ser que yo
me haya muerto y no lo sepa.)
BARBERO. Parece que usted se aflige.
al oír tan triste nueva.
PABLO. Todas las malas noticias
que oiga yo sean como ésa.
BARBERO. ¿Qué dice usted? ¿Conque un muerto...?
PABLO. Dios le dé la gloria eterna,
pero yo llorara más
la muerte de otro cualquiera.
BARBERO. ¡Hombre! ¿Por qué?
PABLO. Yo me entiendo.
¿Ha muerto aquí?
BARBERO. No. En la guerra.
En la gloriosa jornada
de los campos de Gandesa.
Murió como un Alejandro
después de hacer mil proezas.
Cargó él solo a un batallón
y le quitó la bandera.
PABLO. ¡Cáspita!
BARBERO. Treinta facciosos
le atacan; y él ¿qué hace? Cierra
con todos y a veinticuatro
deja tendidos.
PABLO. ¡Aprieta!
BARBERO. Al fin sucumbió. ¡Qué lástima!
¡Un mozo de tantas prendas!...
PABLO. ¡Ah! ¿Le conocía usted?
BARBERO. No, señor; y es que, a la cuenta,
se afeitaba solo. Pero
todo el mundo le celebra...
PABLO. ¡Después de muerto! ¿Verdad?

(Vuelve a oírse el son de las campanas sin cesar el de la música.)

LUPERCIO. Yo le diré a usted...

(Los tres paseantes se paran en corrillo cerca de la barbería.)

LUPERCIO. Aun suenan
las campanas. ¡Pobre Pablo!
Su muerte me causa pena.
BARBERO. Justamente esos señores
hablan del muerto.
PABLO. Quisiera
escuchar...
BARBERO. Pues entre usted
en el corro; con franqueza.
Son parroquianos y amigos.
PABLO. No quiero yo que me vean.
BARBERO. ¿Por qué?
PABLO. Tengo mis razones.
BARBERO. Si no mienten mis sospechas,
usté es pariente del muerto.
PABLO. Algo hay de eso; sí.
BARBERO. Por fuerza.
(Cuando vi que se alegraba
de oír el *requiem aeternam,*
dije para mí al momento:
éste es de la parentela.)
PABLO. Y allí hay música.
BARBERO. Es un baile.
PABLO. ¡Este es el mundo!
MARIANO. Mi lengua
siempre elogiará a don Pablo.

(Don Pablo aplica el oído sin desembozarse.)

ANTONIO. ¡Qué talento aquél!
LUPERCIO. ¡Qué amena
conversación!
MARIANO. ¡Qué donaire!
BARBERO. ¿Lo oye usted?
PABLO. Sí.
ANTONIO. ¡Qué nobleza

de sentimientos!

LUPERCIO. Su bolsa
para todo el mundo abierta...

PABLO. Esos que ahora le alaban
le quitaban la pelleja
cuando vivo: yo lo sé.
¡Maestro, al que está en la huesa
nadie le envidia!

(Cesa la música.)

BARBERO. En efecto,
siempre oigo decir lindezas
de todos los que se mueren.

ANTONIO. Dices bien. No lo creyera
de don Matías. ¡Qué acción
tan indigna! ¡Qué bajeza!
Solicitar a Jacinta...

PABLO. (¡Qué oigo!)

ANTONIO. ¡Habiendo sido prenda
de su amigo y camarada!

PABLO. (¡Ah, traidor amigo! Y ella...
¡Oh!, no; no es posible... Oigamos...
¡Ahora que más me interesa
oírlos, bajan la voz!)

(Don Froilán sale de la casa del baile, atraviesa el teatro, y al emparejar con los del corrillo le reconoce Don Antonio.)

LUPERCIO. No vi ingratitud más negra.

ESCENA V

DON PABLO, DON ANTONIO, DON LUPERCIO, DON MARIANO, EL BARBERO, DON FROILÁN.

ANTONIO. ¡Don Froilán! ¿Adónde bueno?
¿Ya deja usté el baile?

FROILÁN. Es fiesta
que me fastidia y me apesta...
Prefiero estarme al sereno.
Diversión es el bailar
expuesta a mil contingencias.
Sus fatales consecuencias
he visto a muchos llorar.
Ya pincha como lanceta
el alfiler de un justillo;
ya se disloca un tobillo
al hacer una pirueta;
ya, por estar ajustado
se revienta el pantalón;
ya encaja mal el balcón,
y entra un dolor de costado.
El ruido, la baraúnda
le vuelven a un hombre loco...
Y no es difícil tampoco
que se abra el piso y nos hunda.

LUPERCIO. *(Bajo a Don Mariano.)*
Todo es triste para él.

ANTONIO. ¿Y las hermanitas bellas?
Allí estarán.

FROILÁN. Sí, una de ellas.

PABLO. (¡Cielos!... ¡Oh!, será Isabel.)

ANTONIO. Una... ¿Cuál? ¿Jacinta?

FROILÁN. Sí.

PABLO. (¡Ah!...)

MARIANO. ¿Cómo no están las dos?

PABLO. (¡Ella baila, justo Dios,
y están doblando por mí!)

FROILÁN. ¿Baile la otra? Ni el nombre
sufriría. Es tan adusta...

BARBERO. *(En voz baja a Don Pablo. Ambos se mantienen a la puerta de la tienda, algo distantes de los demás.)*
Pues mire usté, a mí me gusta...

PABLO. ¡Silencio!

BARBERO. (¿Quién será este hombre?)

ANTONIO. ¿Y es siempre a Jacinta fiel

el insigne don Matías?
FROILÁN. Tierno está como un Macías.
ANTONIO. ¿Y ella?
FROILÁN. Se muere por él.
PABLO. (¡Eso más! ¡Pérfida!... ¡Ingratos!...)
LUPERCIO. Boda habrá.
FROILÁN. ¿No la ha de haber?
Mañana al anochecer
se celebran los contratos.
PABLO. *(Muérete ¡y verás...!* ¡Ah, perra!*)*
ANTONIO. Pero, amigo, usted confiese
que es infamia... ¡Si lo viese
el que está pudriendo tierra!
FROILÁN. Sin razón se quejaría,
porque ¿qué mal hay en esto?
Nada. A rey muerto, rey puesto.
Lo demás es bobería.

(Suena otra vez la campana.)

PABLO. (¡Habrá pícaro!)
FROILÁN. ¡Qué diablo!...
Me aturde ese campaneo.
¿Es sermón, o jubileo?
MARIANO. No. Las honras de don Pablo.
ANTONIO. Pues ¡qué!, ¿usted no lo sabía?
FROILÁN. ¿Qué he de saber? No por cierto.
LUPERCIO. Pues ya. Sabiendo que el muerto
es don Pablo, asistiría...
FROILÁN. No tal. Tengo mil asuntos...
Es muy triste un ataúd...
No poseo la virtud
de resucitar difuntos.
PABLO. (¡Bribón! Aunque tú no quieras,
resucitaré, y tres más;
y mañana sentirás
que no haya muerto de veras.)
FROILÁN. Ya al solemne funeral
el domingo asistí yo

que por su alma celebró
la Milicia Nacional.
¡Dos entierros! ¡Qué boato!
¿Tanto valía su nombre?
¡Dos entierros para un hombre
que falleció *ab intestato!*

BARBERO. ¡Qué tío!

PABLO. *(Haciéndole callar.)*
¡Por Dios, maestro!...

FROILÁN. Y es todo en vano. Yo sé
que al otro mundo se fue
sin rezar un Padrenuestro.
Él buscó su muerte, sí,
y por eso no me aflige.
Yo su horóscopo le dije
y no hizo caso de mí.

ANTONIO. Pero, hombre.

FROILÁN. Las ocho... Aun llego
al acto segundo. Estoy
convidado... Ea, me voy
a la ópera. Hasta luego.

ESCENA VI

DON PABLO, DON ANTONIO, DON LUPERCIO, DON MARIANO, EL BARBERO.

MARIANO. ¡Qué entrañas tiene!

ANTONIO. Es nefando.

LUPERCIO. ¡Y predica como un fraile!

ANTONIO. Basta. ¿Vámonos al baile?

LUPERCIO. Sí, sí. Ya estarán tallando.

(Se entran en la casa del baile. Don Pablo se queda pensativo.)

ESCENA VII

DON PABLO, EL BARBERO.

BARBERO. ¿Sabe usted que el don Froilán
es hombre de mala estofa?
El egoísta agorero
le llaman en Zaragoza.
¡Miren qué disculpas da
para faltar a las honras
del que iba a ser su cuñado!
Y eso que, según me informan,
le hizo el muerto mil favores.
Pues ¡digo, también la otra,
que al son del *luceat ei*
bailando está la gavota,
y con el pérfido amigo
concierta alegre la boda!
Y luego si uno murmura
dirán... (Pero no se toma
la molestia de escucharme.
Extravagante persona
es este *quídam.*)

PABLO. (Estoy
por subir, y a esa traidora...
Pero más que ella me irrita
su hermano. ¡Pues no hace mofa
de mi muerte! A bien que pronto
se convertirá en congojas
y lamentos el sarcasmo
con que a los muertos baldona.
Aquí le traigo yo un *recipe*
que no ha de tomarlo a broma.
Pero el castigo, aunque duro,
no satisface mi cólera.
Yo quisiera otra venganza
más directa; mía sola...
¡Ah! ¡Qué idea tan feliz!
Mi escribano Ambrosio Mora

vive al volver esa esquina;
don Froilán está en la ópera...
Voy volando...) Abur, maestro.

BARBERO. Felices noches. (Ahora
se va y me deja en ayunas...)

PABLO. ¿Oyó usted a aquella boca
excomulgada insultar
al que está bajo la losa?

BARBERO. Sí; ¡el tal don Froilán...!

PABLO. Pues luego
cantará la palinodia.

BARBERO. ¿De veras? Diga usted. ¿Cómo...?

PABLO. Es un secreto.

BARBERO. No importa.
Vamos..., yo no lo diré...

PABLO. Sino a toda la parroquia.

BARBERO. No tal. Yo soy...

PABLO. Excelente.
barbero.

BARBERO. Usted me sonroja;
mas...

PABLO. Cuente usted con mi barba
si me quedo en Zaragoza.

ESCENA VIII

EL BARBERO.

BARBERO. ¡Por el alma de Judas!...
Ahora le prendería, a ser alcalde.
Yo quiero su secreto, no su barba,
y por salir de dudas
consintiera en rapársela de balde.
¡Señor! ¿Qué extraño ente
es éste, que una sola *Avemaría*
no reza por el alma de un pariente,
y luego, si otra lengua
a escarnecer se atreve su ceniza,

cual si oyera a Luzbel se escandaliza?
Calla su nombre, oculta su semblante...,
si hablan del muerto, aplica las orejas...,
¡y las cierra a la fúnebre salmodia!
Y ¿qué le importa, en fin, que el otro cante
o deje de cantar la palinodia?
Ello, el asunto es serio.
Un embozado, un muerto, un maldiciente...
Si aclarar no consigo este misterio,
¿qué me dirá después el parroquiano?
¿Qué valdrán mi facundia y mi prosodia
si no puedo nombrar a ese fulano
ni acierto a definir la palinodia?

ESCENA IX

EL BARBERO, DON ELÍAS.

ELÍAS. (¡Hermosa criatura! Con el llanto,
que a otras afea tanto,
se aumenta de su rostro peregrino
el seductor encanto.
Por no ofender a Dios, salgo del templo.
¡Oh ciegos pecadores,
de mi austera virtud tomad ejemplo!
Otro en el dulce error se obstinaría,
mas yo ni aun en la senda del pecado
abandono la sabia economía.
Ya que es pecar sin fruto
el adorar las dotes..., ¡y la dote!,
de ese hermoso portento,
pongamos al amor veto absoluto,
y demos otro giro al pensamiento.
Diez onzas..., ¡ay!, cabales,
tres mil doscientos reales.)
(¡Fatal recuerdo! El corazón le odia,
y siempre ha de venir a atormentarme!)
BARBERO. (No puedo echar de mí la palinodia.)

(Don Elías llegado paseando a la puerta de la barbería. Suenan por última vez las campanas.)

ELÍAS. Maestro, buenas noches.
BARBERO. ¿Sanguijuelas?
¿Un repaso a la barba?
ELÍAS. No, amigo. Mi dolor...
BARBERO. ¿Dolor de muelas?
ELÍAS. ¡Ah!
BARBERO. Si hay caries, afuera; es muy sencillo.
Prepararé el gatillo...
ELÍAS. ¡Por Dios y por las ánimas benditas!
Ya me han sacado ¡diez! No de la boca.
¡Ojalá!
BARBERO. Pues ¿de dónde?
ELÍAS. ¡Del bolsillo!
Oigame usted: le contaré mis cuitas.
Ese hombre a quien entierran...
BARBERO. A propósito...
Un embozado aquí que, por lo visto,
es su pariente...
ELÍAS. ¡Ah! ¿Le dejó en depósito
alguna cantidad? ¿Es su albacea?
BARBERO. Lo contrario barrunto,
porque habló con desprecio del difunto.
ELÍAS. ¡No hay esperanza!
BARBERO. Es hombre misterioso.
Quizá usted le conozca, don Elías.
Quizá usted que era amigo de don Pablo...
ELÍAS. En hora buena se le lleve el diablo,
mas ¡también mi dinero!...
BARBERO. A lo que entiendo,
él tiene trazas de mover un cisco...
Con don Froilán es toda su ojeriza.
ELÍAS. ¡Sepultadas mis onzas en el fisco!
Al pensarlo me tiro de las greñas,
y bramo de furor.
BARBERO. Daré las señas.
Es alto, es rubio...

ELÍAS. No, no le perdono.
Su muerte fue un suicidio.
BARBERO. Militar parecía...
ELÍAS. ¡Se ha matado
por llevarse a la tumba mi subsidio!
BARBERO. Hombre de buena edad, grueso...
ELÍAS. ¡Mentira!
BARBERO. Perdone usted...
ELÍAS. ¡Mentira! No he rezado,
aunque usted me haya visto, ¡mal pecado!,
salir del templo.
BARBERO. ¡Dale!
¡Si yo no hablo del muerto! Hablo del otro.
Al despedirse dijo...
ELÍAS. Maestro, aquella tumba era mi potro,
y el duelo era un sarcasmo, una parodia...
BARBERO. Dijo que don Froilán...
ELÍAS. ¡Pérfido! ¡Ingrato!
BARBERO. Cantaría...
ELÍAS. ¡Ay de mí!
BARBERO. La palinodia.
ELÍAS. Su muerte...
BARBERO. ¡Oigame usted!
ELÍAS. Es una afrenta.
BARBERO. Pero, ¡hombre!...
ELÍAS. ¡Bancarrota fraudulenta!
BARBERO. ¡Oh!, quedarme prefiero
con mi curiosidad.
ELÍAS. Yo...
BARBERO. ¡Basta, basta!
¡Atajar la palabra de un barbero!
ELÍAS. Es que...
BARBERO. ¡Maldita, amén, sea tu casta!

(Se entra en la tienda y la cierra por dentro. Cesan las campanas.)

ESCENA X

ELÍAS.

ELÍAS. ¡Cierra la puerta y me planta!
¿Qué diablos tiene ese hombre?
¿Prestó también al difunto
y perdió sus patacones?
Mas huele a cera apagada;
las campanas no se oyen...
Vamos, se acabó el entierro;
y pues yo hago los honores
funerales, despidamos
el duelo.

(Se coloca a la puerta de la iglesia, y van saliendo varias personas de luto, hombre y mujeres, a quienes saluda entre afectuoso y compungido.)

MUJER. Dios le perdone.
ELÍAS. Amén. Gracias. Caballeros...
Señoras...
HOMBRE. Felices noches.
MUJER. Dios le dé la gloria eterna.
ELÍAS. Así sea.
HOMBRE. ¡Pobre joven!
ELÍAS. Que Dios se lo pague a ustedes...
(mejor que él a mí). Señores...
MUJER. Beso a usted la mano.
ELÍAS. Amén...
Digo, gracias.
HOMBRE. *(Rezando.)*
Pater noster.
ELÍAS. Gracias por mí y por el muerto.
(¡Qué tormento! Echo los bofes
de rabia, y tengo que hacer
cumplidos...)
MUJER. *Ora pro nobis.*

ELÍAS. Abur. Isabel no sale.
¿Pensará pasar la noche
en la iglesia? ¡Ah!, ya está aquí.

ESCENA XI

ISABEL, DON ELÍAS, RAMÓN. Isabel estará vestida de luto;
Ramón trae una linterna encendida. Suenan otra vez los violines.

ISABEL. ¡Aun bailan! ¡Qué corazones!
Ten piedad de ellos, Dios mío.
Suspende el terrible golpe
de tu justicia, por más
que su maldad lo provoque.
ELÍAS. ¡Oh Isabel, Isabelita!
Usted es un ángel.
ISABEL. ¡Pobre
don Elías! Usté es fiel
a la amistad. ¡Alma noble,
alma sensible y piadosa!
ELÍAS. No merezco esos loores.
Crea usted...
ISABEL. Olvidan otros
sagradas obligaciones,
y usted, que nada debía
a don Pablo...
ELÍAS. Yo ¿de dónde?
Al contrario...
ISABEL. Pero Dios
premia las buenas acciones.
ELÍAS. Yo confío en su infinita
misericordia... (¡Este postre
me faltaba!)
ISABEL. La que fue
su delicia, sus amores,
su único bien ni aun escucha
el son del místico bronce
que anuncia su funeral.

Ceñida la sien de flores,
no deposita una sola
sobre la tumba del hombre
que la adoró. Ni un suspiro
lanza aquel pecho de roble,
si no a la grata memoria
del que iba a ser su consorte,
siquiera al sincero amigo,
siquiera al valiente joven
que el alma rindió invocando
de patria y de amor el nombre.
Bien haces. Dios no se paga
de sacrílegos clamores.
No insultes, ¡ay!, a su sombra.
Déjala que en paz repose,
ingrata mujer; no mandes
a tus ojos que le lloren
si en otro semblante luego
se han de fijar seductores.
Más puro será mi llanto,
más veraz, y desde el orbe
celestial, quizá benigno
mi Pablo amado lo acoge.
Mi tálamo es su sepulcro.
Deja que en él me corone
yo sola. Yo sé que su alma
al alma mía responde,
y pues yo la he merecido
más que tú, ¡no me la robes!

(El sacristán sale de la iglesia, cierra la puerta y se retira. Sigue la música.)

ELÍAS. ¡Ah, señora! Yo tendría
un corazón de alcornoque
si no derramase lágrimas...
(por mis cuarenta doblones).
Pero al fin... ¡Cómo ha de ser!

Aunque usted gima y solloce,
Dios lo hizo: no hay esperanza
de que su fallo revoque.
Y ya han cerrado la puerta,
y sopla un viento de norte...

(Isabel se arrodilla en el umbral de la puerta y cruza las manos en actitud de orar.)

(No me escucha; se arrodilla
en los yertos escalones,
y orando por el difunto
estatua parece inmóvil.
¡Oh Virgen Madre, que ruegas
por nosotros..., acreedores!,
¿merece un muerto insolvente
tan devotas oraciones?)

ESCENA XII

ISABEL, DON ELÍAS, RAMÓN, DON PABLO.

PABLO. (Ya ha recibido el papel,
ya es otro hombre, ya me llora.
¿Qué apostamos a que ahora
soy un santo para él?)
¿Otra vez en el salón
suena la música impía?
¡Oh vil, infame alegría!
¡Oprobio!... ¡Prostitución!
¿Y no arrojaré del pecho
al ídolo torpe, ingrato...?

(Saca el retrato, lo despedaza y lo pisa.)

¡He aquí su falaz retrato...!
Caiga a mis plantas deshecho.

Si un día fui tu cautivo,
ya no mujer inconstante.
Quien vende muerto al amante
vendiera al esposo vivo.
¿Qué se diría de mí
si me rindiese al dolor...?
Entierra, Pablo, al amor,
pues te han enterrado a ti.
Engañadora sirena,
te creí sincera y firme...
Pues si acierto a no morirme,
¡como hay Dios que la hago buena!
Olvidemos a la infiel,
que si airado resucito,
¿qué haré con alzar el grito?
Un ridículo papel.
Vuelva a mi pecho la calma,
y pues soy muerto viviente,
voy a ver qué buena gente
pide al cielo por mi alma.
Y a fe que, si al catecismo
doy un repaso, quizás
tampoco estará de más
que yo me rece a mí mismo.
¡Vaya, que es rara aventura!
Para mí es niño de teta
el austero anacoreta
que cava su sepultura.
Más eco hará en los anales
el nombre de un ciudadano
que concurre vivo y sano
a sus propios funerales.

(Da algunos pasos hacia la iglesia, siempre embozado, y se para.)

Por hoy ya no puede ser,
que la iglesia está cerrada.
Mas ¿qué veo? ¡Arrodillada

al umbral una mujer!
¿Quién será el alma bendita
que así me llora insepulto?
En este esquinazo oculto
observaré...

ELÍAS. ¡Isabelita!

PABLO. (¿Si será la hermana bella
de Jacinta? No. ¿A qué asunto
suspirar por un difunto
que en su vida...?)

(El criado que se pasea silencioso con la linterna en la mano, pasa por junto a Isabel, y la reconoce Don Pablo. Cesa la música.)

(¡Pues es ella!
¡La otra tan malas entrañas
y ésta adorando mi nombre!
No hay como morirse un hombre
para ver cosas extrañas.)

ISABEL. Sombra que amo y reverencio,
perdóname si llorosa
interrumpo de tu losa
el venerable silencio.

PABLO. (¿Qué oigo?)

ISABEL. Más grata oblación
diérate la amada prenda;
mas no rehuses la ofrenda
de mi tierno corazón.

PABLO. (Me amaba, me ama... ¡Oh portento!)

ISABEL. Si de una triste mortal
desde el trono celestial
oyes benigno el acento,
no a Dios le pidas que yo
deje, sin dejar el mundo,
el dolor veraz, profundo
que tu muerte me infundió.
No turbe, no, mi quebranto
las delicias de tu Edén,

¡qué Dios ha puesto también
gloria y delicia en el llanto!

PABLO. (¡Qué alma! ¡Y no la conocí!)

ISABEL. Pídele sólo al Señor
que eterno sea el amor
con que el alma te rendí;
que nunca humana flaqueza
me conduzca a no quererte.
¡Antes un rayo de muerte
caiga sobre mi cabeza!

(Calla y contemplativa alza los ojos al cielo.)

PABLO. (¡No puedo más! ¡Qué pasión!
Yo llego... ¡Oh ventura mía!

(Deteniéndose.)

Mas la súbita alegría
tal vez...)

ISABEL. *(Después de un profundo suspiro.)*
Vámonos, Ramón.

ESCENA XIII

ISABEL, DON PABLO, DON ELÍAS, RAMÓN, DON FROILÁN.

FROILÁN. Entremos. Aun será tiempo...
Pero la iglesia cerraron.

PABLO. (Ya está aquí mi hombre.)

FROILÁN. ¡Isabel!
¡Don Elías! ¿Cómo os hallo
a estas horas por aquí?
¿Salís del entierro acaso?
¡Ah!, sí, no hay duda. Ese luto...
Parece que se ha acabado
el funeral.

ELÍAS. Sí, señor.

FROILÁN.	¡Y fue para mí un arcano! ¿Por qué no habérmelo dicho, y mis ardientes sufragios...?
ISABEL.	¿A qué, si ya en otra tumba le habías tú sepultado más profunda?
FROILÁN.	¡Yo!, no entiendo...
ISABEL.	¡En el olvido!
FROILÁN.	¿A mi Pablo? ¿Al mejor de mis amigos? ¿A quien ya llamaba hermano?
PABLO.	(¡Para el necio que te crea!)
FROILÁN.	Pues ¡si le quería tanto...! Poco he dicho. Le adoraba.
PABLO.	(No sé cómo no le mato.)
ELÍAS.	(¡Extraña metamorfosis por cierto!)
FROILÁN.	¡Tan buen muchacho...! ¡Ah!... Me nombró su heredero.
ELÍAS.	¿Qué dice usted?
FROILÁN.	Aquí traigo su postrera voluntad.
PABLO.	(Eso no, que ya he tomado mis medidas, por si muero antes de reír al chasco.)
ELÍAS.	¡Usted su heredero!
FROILÁN.	Sí.
ELÍAS.	¿No habla de otros legatarios el testamento? ¿O de deudas...?
FROILÁN.	No. Todo me lo ha dejado. ¿Qué mucho si nos unió desde los primeros años la dulcísima amistad cuyos halagüeños lazos...?
PABLO.	(¡Hipocritón!)
FROILÁN.	¿Nuestras almas llenaron siempre de encantos?
ELÍAS.	Vea usted; y yo creía...
FROILÁN.	¡Ay, caro amigo! Este rasgo

de cariñosa bondad
hace mayor mi quebranto.
¿Qué son todos los tesoros
del mundo, si los comparo
con la delicia de verte,
de hablarte...? Mi acerbo llanto
no podrá, ¡triste de mí!,
arrancarte al duro mármol
que te esconde...

ISABEL. ¡Calla, impío!
¡Blasfemo, sella los labios!
Guárdate el oro que heredas
y no turbes el descanso
de aquella alma generosa,
que acaso estará penando
porque tan mal empleó
sus dádivas.

FROILÁN. Ese agravio...

ISABEL. ¡Calla por piedad! No me hagas
testigo del vil escarnio
con que insultas las cenizas
de tu bienhechor. Huyamos...

PABLO. (¡Ah, qué ángel!)

FROILÁN. Oye...

ELÍAS. Si usted
quiere servirse del brazo...

ISABEL. ¡No! Sola me quiero ir.
De esto al linaje humano.
¡Perfidia, maldad, bajeza
dondequiera!... ¡Ay, Pablo, Pablo!

ESCENA XIV

DON PABLO, DON FROILÁN, DON ELÍAS.

PABLO. (¿Es sueño acaso? ¿Es delirio?
¡Tanto amor!...)

FROILÁN. ¡Qué sinrazón!
¡Qué ruin interpretación

de mi profundo martirio!

ELÍAS. Y en efecto, el testamento...

FROILÁN. ¡Ah! ¡Cuánto dolor me cuesta!
Y ahora volver a esa fiesta...
He aquí mi mayor tormento.
Mas debo forzosamente
acompañar a mi hermana.

ELÍAS. La herencia es más que mediana,
y usted que era ya pudiente...

FROILÁN. ¡Yo baile, oh Dios, yo concierto,
cuando mi pena es tan grave...!

ELÍAS. Yo tenía, usted lo sabe,
relaciones con el muerto...

FROILÁN. No toque usted ese punto,
que mi aflicción...

ELÍAS. Sin embargo...
Usted debe hacerse cargo
de las deudas del difunto.

FROILÁN. ¡Ya no hay placer para mí
en el mundo!

ELÍAS. Él me debía
unos cuartos...

FROILÁN. Noche y día
rezaré por su alma, sí.

PABLO. (El diálogo me divierte.)

ELÍAS. Si me olvidó, no es portento,
que sin duda el testamento
lo hizo...

FROILÁN. ¡Antes de su muerte!

ELÍAS. Ya, sí...

FROILÁN. ¡Mi alma se destroza!

ELÍAS. (¡Diablo de hombre!) Yo decía...

FROILÁN. Lo dejó en la escribanía
al salir de Zaragoza.

ELÍAS. Bien, y luego...

FROILÁN. ¡Amigo fiel!
Aunque venda mis camisas,
mañana doscientas misas
mandaré rezar por él.

PABLO. (Eso me encuentro. Por Dios
que de él no esperaba tanto.)
ELÍAS. Mas yo le hice un adelanto...
FROILÁN. ¡Ah! Sí; lloremos los dos.
ELÍAS. Pero...
FROILÁN. Con ojos serenos
¿quién ve a su amigo morir?
ELÍAS. Pero puede usted decir:
los duelos con pan son menos.
¿Y quién vuelve a mi escritorio
el dinero...?
FROILÁN. ¡Acerba llaga,
cruel!
ELÍAS. Alma que no paga
no sale del purgatorio.
Diez onzas...
FROILÁN. No cuestan tanto
las doscientas misas.
ELÍAS. ¡Oh!...
FROILÁN. A peseta...
ELÍAS. No hablo yo
de misas...
FROILÁN. Me ahoga el llanto.

(Hablando, han llegado a la casa del baile.)

ELÍAS. Oiga usted...
FROILÁN. *(Ya dentro del portal.)*
Ni a hablar acierto.
¡Adiós!
ELÍAS. ¡Hombre!...
FROILÁN. ¡Pobre Pablo!
ELÍAS. ¡Me planto! ¡Lléveos el diablo
a ti, a la herencia y al muerto!

ESCENA XV

DON PABLO, DON ELÍAS. Llega Don Pablo por detrás de Don Elías y le toca en el hombro.

PABLO. Tenga usted más caridad
con los difuntos.
ELÍAS. *(Volviéndose asustado.)*
¿Qué voz...?
Si yo creyera en visiones
diría...

(Reconociéndole.)

Sí, ¡él es! ¡Favor!...
PABLO. ¡Silencio! No soy fantasma.
Vengo...
ELÍAS. De parte de Dios
te digo, sombra iracunda...
PABLO. No hay tal sombra. Vivo estoy.
Acérquese usted sin miedo.
Tenemos que hablar los dos.
ELÍAS. Si en el otro mundo penas
como en éste peno yo,
al heredero le toca
procurar tu redención;
no a mí, difunto don Pablo,
a mí que soy tu acreedor,
a mí...
PABLO. Basta. Sabe usted
que soy hombre de razón,
y si yo me hubiera muerto,
no lo negaría, no.
Caí herido de un balazo
en medio de la facción.
Sin duda, al verme tendido
sin aliento y sin color,
todos me dieron por muerto
sin más averiguación;

y como nadie después
de mí ha sabido hasta hoy,
no extraño que en mis exequias
haya graznado el fagot.
Recobrados mis sentidos
con el frío y el dolor,
medio vivo, medio muerto,
me levanté del montón.
En vano pedía auxilio;
nadie escuchaba mi voz.
Por fin llegué como pude
a la choza de un pastor.
Por buena suerte la herida
no era mortal, aunque atroz.
Aquella familia honrada
tuvo de mí compasión,
y curándome en sigilo,
sin botica ni doctor,
me libertó de las uñas
de *Tristany* o *Caragol.*
Recobradas ya mis fuerzas,
mi marcha emprendo veloz
de regreso a Zaragoza,
y hoy llego a puesta de sol
para reír desengaños
deste mundo pecador.

ELÍAS. ¡Es posible! ¡Ah!, mi alegría...

PABLO. Usté es un hombre de pro.
Usté ha rezado en mi entierro...

ELÍAS. ¡Oh! Sí, con mucho fervor.

PABLO. Y gracias por su cristiana
misericordia le doy.
Sólo a usted me he descubierto...

ELÍAS. ¡Usted me hace sumo honor!...

PABLO. Mas nadie sepa que vivo
hasta mejor ocasión.
Usted sabrá mis proyectos,
y cuento con su favor
para llevarlos a cabo.

ELÍAS. Sabe usted que siempre estoy
a su obediencia. A propósito,
el papel que se quedó
sin firmar... Aquí lo traigo.
Si a la luz de ese farol

(El que habrá en el portal de la casa donde se baila.)

quisiera usted... Pediremos
un tintero...

PABLO. ¿No es mejor
que se venga usted conmigo
y le daré en el mesón
las diez onzas consabidas,
los réditos y otras dos
en muestra de gratitud...?

ELÍAS. ¡Oh, qué bello corazón!

PABLO. Justamente ya ha debido
cobrar mi administrador
unas letras...

ELÍAS. No es decir
que yo tenga prisa, no.
Sólo por acompañar
a usted... (¡Supremo Hacedor,
no me le mates ahora!
¡Cumpla su buena intención!)

PABLO. Vamos...

ELÍAS. *(Componiéndole el embozo de la capa.)*
Abríguese usted.

(Don Pablo tose.)

¡Cuidarse! ¿Qué es eso? ¿Tos?

PABLO. No es nada.

ELÍAS. Es que usté estará
delicado, y el pulmón...

PABLO. *(Riéndose.)*
Cálmese usted, don Elías,

que mi palabra le doy
de no morirme otra vez
sin pagarle.

ELÍAS. (¡Oigate Dios!)

ACTO CUARTO

LA RESURRECCIÓN

La misma decoración del acto segundo.

ESCENA PRIMERA

DON PABLO. DON ELÍAS. Entran con precaución. El teatro está oscuro.

PABLO. Si alguno nos ha observado...
ELÍAS. Sólo lo sabe Ramón;
y ése es de satisfacción.
Puede usté entrar descuidado.
Jacinta está de jolgorio
con su novio y los amigos
que servirán de testigos
para el impío casorio.
Luego que apuren los platos
del opíparo banquete,
vendrán a este gabinete
para firmar los contratos.
PABLO. Isabel...
ELÍAS. No fue posible
hacerla entrar en la fiesta.
La maldice y la detesta
como sacrilegio horrible.
PABLO. ¡Pobrecilla! ¿Y don Froilán?
ELÍAS. Muerto está de pesadumbre,
mas, ya se ve, la costumbre...,
la etiqueta, el qué dirán...
PABLO. Al bien y al mal se acomoda
esa frase; y ¿qué ha de hacer

quien por fuerza ha de escoger
entre un duelo y una boda?

ELÍAS. Ya, pero entre el mundo y Dios,
don Froilán gime... y devora;
luego apura el vaso... y llora;
y así cumple con los dos.

PABLO. ¿Está todo preparado?

ELÍAS. Todo como usted desea.

PABLO. Sentiré que alguien me vea.

ELÍAS. ¿Cómo? En un cuarto excusado...

PABLO. Quisiera un instante hablar
con Isabelita... Pero
prepárela usted primero.

ELÍAS. Entiendo. Voila a buscar.
Pues llevan largo el convite
y Ramón está advertido,
fácil será...

PABLO. Siento ruido...

ELÍAS. Traen luces. ¡Al escondite!

(Don Pablo corre a esconderse en el cuarto del foro; cierra por dentro las vidrieras. Ramón trae luces.)

ESCENA II

DON ELÍAS, RAMÓN.

ELÍAS. ¿Ha visto alguien a don Pablo?

RAMÓN. No, señor; nadie le ha visto.

ELÍAS. Vete, y ¡silencio!

RAMÓN. No chisto.

ELÍAS. Se va a desatar el diablo.

ESCENA III

DON ELÍAS.

¡Por hacer aquí el rufián
dejo la opípara mesa!...

Pero servir me interesa
al escondido galán.
¿Qué no he de esperar de ti,
difunto que expresamente
resucitas complaciente
sólo por pagarme a mí?
¡Y con qué rumbo! Ea, pues,
busquemos a Isabelita
y anunciemos la visita...
Mas ¿quién se acerca? Ella es.

ESCENA IV

DON ELÍAS, ISABEL.

ISABEL. ¿Qué hace usted tan solo aquí?
ELÍAS. Isabel, no es de mi gusto
esa infame bacanal,
y aquí me estoy hecho un búho
contemplando las flaquezas
y aberraciones del mundo.
¿Dejarán la mesa pronto?
ISABEL. No sé.
ELÍAS. Desde aquí descubro...

(Mirando por la puerta de la izquierda.)

Los postres sirven. No acaban
ni en veinticinco minutos.
¡Qué contraste! Ellos riendo,
y usted vestida de luto!
ISABEL. Y quizás de mi aflicción
se mofan.
ELÍAS. ¡Atroz insulto!
¡Y acaso aun están calientes
las cenizas del difunto!
ISABEL. ¡Ah!
ELÍAS. Si apareciese ahora
entre ellos vivo y robusto

el mismo a quien juzgan muerto,
como figuras de estuco
se quedarían.

ISABEL. ¡Ay Dios!

ELÍAS. Y ¿qué maravilla? Algunos
suelen tornar a la vida
desde el borde del sepulcro.

ISABEL. No con vanas ilusiones
aumente usted mi profundo
dolor.

ELÍAS. No quiero decir
que Dios, aunque sea sumo
su poder, haga un milagro
y se alcen a mis conjuros
los que descansan en paz;
pero, señor, yo pregunto,
¿quién da fe de que haya muerto
don Pablo? Un parte confuso...,
la declaración verbal
de un amigo infiel, perjuro...

ISABEL. Y otros ciento que en el campo
le vieron yerto, insepulto;
y los facciosos también
le contaron en el número
de los muertos. Si él viviera,
no podría estar oculto
su destino tantos días.
¡Nunca se verán enjutos
mis ojos! ¡No hay esperanza!

ELÍAS. Pues yo la tengo, y la fundo
en razones poderosas.
¡Oh! ¡Cómo de esos renuncios
se cometen en los partes!
Ni siempre la voz del vulgo...
Bien pudo caer don Pablo
herido en el campo, y pudo
salvarse después... En fin,
aunque parezca un absurdo,
yo creo... Yo tengo datos...

ISABEL. ¡Ah!, ¿cuáles son?
ELÍAS. Dios es justo...
ISABEL. ¡Insensata! ¿Cómo puedo
esperar?...
ELÍAS. Si de su puño
enseñase yo una carta...
ISABEL. Basta, Basta. Yo no sufro
que usted se burle de mí
tan cruelmente.
ELÍAS. No me burlo.
Vive don Pablo.
ISABEL. ¡Oh, Dios mío!
¿Será posible?
ELÍAS. ¡Lo juro!
ISABEL. ¿Dónde?...
ELÍAS. Baje usted la voz.
Si no temiera que un susto
repentino...
ISABEL. No, mi gozo...
Venga esa carta...
ELÍAS. Presumo
que usted daría más crédito
a un testigo..., y me aventuro
a presentarlo...
ISABEL. ¿A quién? ¡Cómo!...
ELÍAS. Usted le conoce mucho.
ISABEL. ¡Yo! ¿Dónde está?...
ELÍAS. *(Junto a la puerta del foro, que había entreabierto Don Pablo.)*
Salga usted.
El momento es oportuno.

ESCENA V

DON PABLO, ISABEL, DON ELÍAS.

PABLO. ¡Isabel!
ISABEL. *(Al verle grita y retrocede asustada, y después de un instante de silencio le abraza con la mayor ternura.)*

¡Ah!... ¡Pablo mío!
¿Es posible que te ven
mis ojos? ¡Pablo! ¿Tú vives?
Mi alma se anega en placer.
¡Dios de bondad! Si es delirio,
muera yo dichosa en él.
Mas no; mis brazos amantes
le están estrechando. ¡Él es!

(Avergonzada se desprende de los brazos de Don Pablo, y baja los ojos.)

(¿Qué estoy diciendo, insensata?
¡Oh rubor!...) Perdone usted...

ELÍAS. *(Observando a la puerta.)*
Ya han retirado los postres
y las copas de jerez.

PABLO. Isabel, ese cariño
que en el alma grabaré,
viene a endulzar la amargura
de un desengaño cruel.

ISABEL. Dios sabe con qué aflicción
tu muerte, Pablo, lloré...

ELÍAS. Ya recogen la vajilla.
Ya levantan el mantel.

PABLO. Aunque por muerto me dieron,
de mis heridas sané.
Otra me han hecho en el alma.
Yo la curaré también.

ISABEL. ¡Pablo!...

PABLO. ¡Hermana de mi vida!

ISABEL. (¡Hermana!... ¡Ay de mí!)

PABLO. Isabel,
tú sola sabes que vivo.
Otros lo sabrán después.
¿Querrás por breves instantes
guardarme el secreto fiel?

ISABEL. Lo guardaré, mas ¿qué intento?...

ELÍAS. Ya están tomando café.
PABLO. A ese contrato nupcial
presente quiero que estés.
ISABEL. ¡Tú lo exiges!
PABLO. Y no importa
que les des el parabién.
Yo se lo doy desde luego,
y ya jamás fiaré
ni en lisonjeros amigos
ni en palabras de mujer.
ISABEL. (¿Qué oigo?)
PABLO. ¡En la tumba se aprende
mucho!
ELÍAS. ¡Que ya están en pie!
PABLO. Adiós... Yo seré más cauto...,
por si me muero otra vez.

(Se entra en el cuarto del foro, cerrando las vidrieras.)

ESCENA VI

ISABEL, DON ELÍAS.

ELÍAS. ¡Confidente y centinela
de mi rival! Por usted,
sólo por usted haría
tan subalterno papel,
papel que entrará en el fárrago
de deuda sin interés.
ISABEL. *(Sin oírle.)*
¡No me ama! ¡Infeliz de mí!
Mas al fin no le veré
en los brazos de Jacinta.
¿Y si otra me roba el bien
que el alma anhela?... ¡No importa!
¡Perezca yo, y viva él!

ESCENA VII

ISABEL, DON ELÍAS, DON FROILÁN, JACINTA, DON MATÍAS, DON ANTONIO, DON LUPERCIO, DAMAS, CABALLEROS. Toman todos asiento en varios grupos; Don Matías, Jacinta con otras damas y galanes a un lado; Don Lupercio con los demás convidados a otro; Don Antonio junto a Don Froilán; Don Elías e Isabel a un extremo.

MATÍAS. Adentro. Sin ceremonia.
JACINTA. Tomen ustedes asiento.
LUPERCIO. ¡Oh, que está aquí don Elías!
ELÍAS. Buenas noches, don Lupercio.
MATÍAS. ¿Cuándo viene ese notario,
que en verdad, ya me impaciento
esperándole?
JACINTA. Ya poco
puede tardar.
MATÍAS. Mira, luego
que se firmen los contratos
conyugales, bailaremos.
DAMAS. Sí, sí, un poquito de baile.
CABALL. Y será el día completo.
FROILÁN. *(Aparte con Don Antonio.)*
Esa boda se va a hacer
bajo auspicios muy funestos,
don Antonio.
ANTONIO. ¿Qué sé yo?...
Se quieren y están contentos...
JACINTA. *(Aparte con Don Matías.)*
Por fin ya nos favorece
mi hermana. Pero ¡qué gesto!
Y es un insulto el entrarse
aquí con vestido negro.
MATÍAS. Como es tan sentimental,
no me admiro...
JACINTA. Pues yo creo
que tiene más de envidiosa
que de santa.
MATÍAS. Y aun por eso,
a falta de otro galán,

se resigna a los obsequios
del buen don Elías.

JACINTA. Siempre
tuvo ruines pensamientos.

DAMAS. *(En voz baja.)*
¿Qué dote lleva la novia?

LUPERCIO. No es gran cosa. Seis mil pesos.

ISABEL. *(Aparte con Don Elías.)*
¿Cuáles serán los designios
de don Pablo?

ELÍAS. Es un secreto,
señorita, y como yo
de económico me precio,
quiero ahorrar las conjeturas,
pues al fin he de saberlo.

FROILÁN. *(Aparte con Don Antonio.)*
Es un cargo de conciencia,
sí, señor, y yo no debo
autorizar...

ANTONIO. ¡Bobería!
Los que se casan son ellos,
no usted.

FROILÁN. ¡Casamiento horrible!

ANTONIO. Peor sería no hacerlo.

FROILÁN. ¡Don Pablo amaba a Jacinta!

ANTONIO. ¡Sí, señor..., pero se ha muerto!

FROILÁN. Don Matías fue su amigo.

ANTONIO. Ya, pero no es su heredero.

FROILÁN. ¡Yo lo soy a mi pesar!

ANTONIO. ¡Cómo ha de ser! Ya lo veo.

FROILÁN. Mis lágrimas...

ANTONIO. Yo también
las vertería... a ese precio.

MATÍAS. ¡Ya está aquí el notario! ¡Viva!

ESCENA VIII

ISABEL, JACINTA, DON ELÍAS, DON FROILÁN, DON MATÍAS, DON ANTONIO, DON LUPERCIO, EL NOTARIO, DAMAS, CABALLEROS.

NOTARIO. Buenas noches, caballeros.
DAMAS. *(Aparte a un convidado.)*
Ese curial incivil
no saluda al bello sexo.
MATÍAS. Vamos; ¿vienen ya extendidos
los contratos?
NOTARIO. *(Sentándose a una mesa, donde habrá recado de escribir.)*
Sí por cierto.
No falta más que firmar;
los contrayentes primero
y los testigos después
en sus respectivos huecos.
FROILÁN. *(A Don Antonio, en voz baja.)*
Ese hombre, que para mí
es una especie de cuervo,
despierta en mi corazón
atroces remordimientos.
NOTARIO. Si ustedes me lo permiten,
calo las gafas y leo...
MATÍAS. ¡No, por Dios! ¿A qué cansarnos
con ese eterno proceso?
NOTARIO. No tal. Yo soy muy lacónico.
Tendrá veintisiete pliegos...
MATÍAS. ¡Misericordia!... ¡Una pluma!

(Llega a la mesa y la toma.)

¿Da usted fe de que en efecto
me caso con la que adora
mi corazón?
NOTARIO. Por supuesto.
Con doña Jacinta...
MATÍAS. Basta.

Firmo como en un barbecho.

(Firma.)

FROILÁN. *(Tapándose los ojos.)*
¡Ah! ¡Qué horror! ¿Y sufro yo
tan bárbaro sacrilegio?
ELÍAS. *(A Isabel.)*
¿Qué le ha dado a don Froilán?
Suspira, se pone trémulo...
NOTARIO. Ahora la novia.
JACINTA. *(Se acerca a la mesa.)*
Volando,
que mi gloria cifro en esto.
FROILÁN. ¡No puedo más!

(Se levanta, y se acerca también a la mesa.)

JACINTA. ¿Dónde?
NOTARIO. Aquí.
FROILÁN. ¡Detén, en nombre del cielo,
esa mano temeraria!
¿Olvidas tus juramentos?
¿Menosprecias tu opinión?
¿No sabes que hay un infierno
para los perjuros? ¡Ah!...
MATÍAS. ¿Qué dice ese majadero?
FROILÁN. ¿Vas a casarte con otro
cuando la sangre del muerto
está humeando? Aun escucho
las campanas de su entierro...
JACINTA. ¡Eh! ¿Quieres dejarme en paz?
CABALL. Ese hombre ha perdido el seso.
DAMAS. *(A Don Antonio.)*
¡Qué hipocresía!
ANTONIO. ¡La herencia!
ELÍAS. *(A Isabel.)*
Como soy que me divierto.
MATÍAS. Ea, firma, y no hagas caso
de un fastidioso agorero.

JACINTA. Sí; el corazón me lo manda.
¿Aquí?... (No sé por qué tiemblo.
¡Ánimo!)

(Firma.)

Ya está.
FROILÁN. ¡Gran Dios!...
¡Ella ha firmado! ¡Esto es hecho!
¡Ah! ¿Qué sería de ti,
falsa mujer, si del centro
de la tumba aquí se alzase
don Pablo y con voz de trueno...?
MATÍAS. ¡Oiga!...

(Todos los interlocutores, a excepción de Isabel, ríen estrepitosamente.)

LUPERCIO. ¡Donosa ocurrencia!
DAMAS. ¡Qué visionario!
CABALL. ¡Qué necio!
ANTONIO. Se nos viene con sandeces
del siglo decimotercio.
MATÍAS. No hablaba usted de ese modo
dos días ha.
FROILÁN. Me arrepiento.
ELÍAS. *(A Isabel.)*
Oportuno es el sermón.
Parece que está de acuerdo
con don Pablo. Mas ¿qué aguarda,
que no sale del encierro?
FROILÁN. Don Matías, no es la herencia
la que ha obrado este portento.
Mueve mi labio divina
inspiración. Yo preveo...
MATÍAS. ¡Eh!, basta ya de simplezas,
que estamos perdiendo el tiempo.
Concluyamos. Los testigos.
NOTARIO. Don Antonio Mollinedo...
ANTONIO. Servidor.

(Va a la mesa y firma.)

Sea mil veces
en buen hora.

NOTARIO. Don Lupercio...

LUPERCIO. Allá voy...

(Firmando.)

Y con alma
y la vida lo celebro.

NOTARIO. Don Elías Ruiz...

ELÍAS. *(Va y firma.)*

Presente.
Sea enhorabuena, y *laus Deo.*

NOTARIO. Hemos concluido.

PABLO. *(Dentro.)*

¡No!
¡Falta un testigo!

(Sorpresa general.)

MATÍAS. ¿Qué es eso?

JACINTA. ¿Qué voz?...

FROILÁN. Por allí ha sonado...

MATÍAS. ¿Quién es el testigo?

(Óyese una fuerte detonación en el cuarto del foro; ábrese la puerta, y aparece Don Pablo cubierto de pies a cabeza con un manto blanco. Un vivo resplandor rojizo alumbra el cuarto de donde sale.)

PABLO. ¡El muerto!

ESCENA IX

ISABEL, JACINTA, DON PABLO, DON ELÍAS, DON FROILÁN, DON MATÍAS, EL NOTARIO, DON ANTONIO, DON LUPERCIO, LOS CONVIDADOS. Al aparecer Don Pablo retrocede Jacinta aterrada; las demás señoras chillan, y una o dos se desmayan en brazos de los caballeros que las rodean, volviendo en sí a pocos momentos; Don Froilán se queda extático; Don Elías suelta la carcajada, y hace notar a Isabel los gestos de los demás; Don Matías calla, entre dudoso y amostazado; Don Antonio y Don Lupercio dan muestras de admiración, y el Notario se esconde detrás de la mesa.

JACINTA. ¡Cielos!
NOTARIO. ¡Oh!
MATÍAS. ¡Don Pablo!
FROILÁN. ¡Es él!
ELÍAS. ¡Lindas figuras!
DAMA 1.ª ¡Qué espanto!
FROILÁN. ¡Yo no lo dije por tanto!
JACINTA. ¡Aparta, sombra cruel!
GALÁN 3.º *(Haciendo aire a una que está desmayada y en breve recobra el sentido.)*
¡Señora!...
DAMA 2.ª ¡Qué horrible vista!
GALÁN 2.º (Yo tengo más miedo que ella.)
ELÍAS. *(Aparte a Isabel.)*
La tramoya ha estado bella.
¡Se ha portado el polvorista!
JACINTA. (La imagen de mi conciencia
veo en su rostro fatal.)
FROILÁN. (Si es aparición, tal cual;
si está vivo, ¡adiós la herencia!)
JACINTA. Yo confieso mi locura,
Pablo, y te pido perdón.
MATÍAS. ¿Locura?
JACINTA. Ten compasión
de una frágil criatura...
A tus plantas...

(Va a arrodillarse, y Don Matías la detiene.)

MATÍAS. ¡Eso no,

por vida de San Matías!
¿Tú a sus plantas? ¡No en mis días!
Él ha muerto, y vivo yo.
Y nos veremos las caras,
pues ya se firmó el concierto,
si quiere meterse el muerto
en camisa de once varas.
Ni él ha muerto; no hay tal cosa;
que si difunto estuviera
no alzara así como quiera
la yerta y pesada losa.
Yo no le disputo a Dios
el poder de hacer milagros;
mas los muertos están magros,
y éste abulta como dos.
Le quisiste vivo, es cierto,
y ahora a mí; sea enhorabuena.
Eso no vale la pena
de resucitar a un muerto.
Si él ha muerto, ¿qué hace aquí?
Vuelva al panteón profundo;
y si vive para el mundo,
muerto sea para ti.
En fin, que viva o que muera,
tuyo no ha de ser jamás,
veremos quién puede más;
él muerto y yo... calavera.

PABLO. *(Soltando el manto y dando algunos pasos.)*
No he muerto, gracias al cielo,
ni por una infiel y un loco
quiero exponerme tampoco
a dar la vida en un duelo.
Que perdone este mal rato
pido a la tertulia toda,
pues mal sienta en una boda
el funeral aparato;
pero hombre de calidad,
cuya muerte es tan sentida,
justo es que vuelva a la vida

con cierta solemnidad.
Conozco que algún menguado
en esta cómica escena
más me quisiera alma en pena
que muerto resucitado;
pero si alguno desea
ser pasto a la muerte avara,
yo no: ya he visto su cara,
y me parece muy fea;
y puesto que debo tanto
al Sumo Hacedor, no es justo
que por dar a nadie gusto
me vuelva yo al camposanto.
Mis quejas no escucharán
los amigos fementidos,
no, porque a muertos y a idos...
Conocido es el refrán.
Que matan los desengaños
dice la gente. No a mí,
que, como muerto los vi,
no han de abreviarme los años.
Nada de rencor, Matías.
Querer a una dama hermosa
más que a un fiel amigo, es cosa
que se ve todos los días.
Siempre amor en tal pelea
ha de triunfar; esto es cierto;
y más si el amigo ha muerto
y la dama pestañea.
Yo la quise; tú la quieres...
Tuya deber ser la bella,
pues yo he muerto para ella,
y tú por ella te mueres.
Ni tu cambio llevo a mal,
Jacinta. ¿Con qué derecho
pidiera yo a tu despecho
una palma virginal?
Se olvida al galán más pulcro,
vivo, lozano, fornido,

¿y no ha de echarse en olvido
al que yace en el sepulcro?
El amor en nuestros días
como el Fénix se renueva,
que ya no hay almas a prueba
de balas y pulmonías.
Yo te creía más firme,
mas si otro me reemplazó,
la culpa me tengo yo.
¿Quién me mandaba morirme?

MATÍAS. No haya duelo. ¿En qué lo fundo
si no hay rival a mi amor?
Mucho aplaudo el buen humor
con que vuelves a este mundo.

JACINTA. Pablo, la sorpresa..., el gozo...
Pero..., ya ves..., he jurado...
(Después que ha resucitado
me parece mejor mozo.)

PABLO. Señoras, cese ya el susto,
que si lo causo viviente,
me moriré de repente
estando sano y robusto.
Y el Notario fugitivo
¿adónde fue?

NOTARIO. *(Sacando la cabeza.)*
Me escondí...

PABLO. Ea, salga usted de ahí
a dar fe de que estoy vivo.
Aquiete usted la conciencia,
que, a fe del nombre que tengo,
del purgatorio no vengo
a tomarle residencia.
¡Don Lupercio! ¡Don Antonio!
De ustedes muy servidor,
hasta ahora, aunque pecador,
no me ha llevado el demonio.

ANTONIO. Yo lloraba...

PABLO. Sí, por cierto.

LUPERCIO. Yo...

PABLO. Como hablan las paredes,
ya sé que me han hecho ustedes
justicia... después de muerto.
¡No era tan feliz mi suerte
cuando vivo!... ¿Conque soy
un ángel ahora? Doy
muchas gracias a la muerte.
Ruego a ustedes, pues advierto
que me va mejor así,
que siempre que hablen de mí
se figuren que estoy muerto.

ANTONIO. *(Aparte a Don Lupercio.)*
¡Pullas, después que en mil puntos
su elogio hicimos ayer!
Ya no se puede tener
caridad... ni con difuntos.

PABLO. Don Froilán, siento en verdad
decir a un amigo fiel
que el consabido papel
no es mi postrer voluntad.

FROILÁN. Es acción muy baladí
que perdonarse no puede
el resucitar adrede
para burlarse de mí.

(Risa general.)

Señores, nada de risas,
que es sobrada impertinencia
despojarme de la herencia
y quedarse con las misas.

ELÍAS. Agorero cejijunto,
justo es que a Dios satisfagan
herederos que no pagan
lo que debía el difunto.
Era insigne mala fe,
riendo de mi abstinencia,
comerse, amén de la herencia,
lo que yo economicé.

No era usted quien merecía
tanta dicha, alma de Anás,
Tartufo... No digo más...

MATÍAS. ¿Por qué?

ELÍAS. Por economía.

FROILÁN. ¡Por vida!...

PABLO. Tenga usted calma.
Yo las misas pagaré...,
a no ser que quiera usté
que se endosen a su alma.
Lea usted ahora en desquite
esta carta que Melchor
me dio...

FROILÁN. *(Toma la carta, la abre y la lee para sí.)*
Sí, mi arrendador
de la hacienda de Belchite.

ISABEL. ¿Qué será?

MATÍAS. Le tiembla el pulso...

ANTONIO. Gime...

ELÍAS. Un color se le va
y otro se le viene...

FROILÁN. ¡Ah!

JACINTA. Mira al cielo...

LUPERCIO. Está convulso...

FROILÁN. ¡Cruel, funesta noticia!
¡Desventurado de mí!
Yo esperaba el bien ajeno,
¡y pierdo el mío! ¡Infeliz!
Me han subastado el aceite,
me han secuestrado el redil,
me han destruido el molino,
y ¡adiós, trigo!, ¡adiós maíz!
A mí, que no me metía
con liberal ni servil,
y ni he sido diputado,
ni prócer, ni alcalde, ni...
Si hasta los neutrales tienen
su hacienda y vida en un tris,
ya es crimen la indiferencia.

¡Guerra! ¡Un fusil! ¡Un fusil!
¡Canónigo atroz!, la sangre
siento ya en mi pecho hervir.
Yo moriré peleando
o me vengaré de ti.

ESCENA ÚLTIMA

JACINTA, ISABEL, DON PABLO, DON ELÍAS, DON MATÍAS, DON ANTONIO, DON LUPERCIO, EL NOTARIO, LOS CONVIDADOS.

JACINTA. ¡Dios mío!
ISABEL. ¡Pobre Froilán!...
¡Funesta guerra civil!
PABLO. Le está muy bien empleado.
ELÍAS. Lo merece el malandrín.
PABLO. Volviendo a lo de la boda,
en buen hora sea mil
y mil veces. Yo también
me caso.
ISABEL. (¡Ay!)
JACINTA. ¿De veras?
PABLO. Sí.
Si ustedes quieren mañana
a mi contrato asistir...
ISABEL. (¡Mañana!...)
DAMAS. ¿Quién...?

(Muestran todas mucha curiosidad.)

ANTONIO. ¿Quién será...?

(Los caballeros forman otra vez corrillo.)

MATÍAS. ¿Quién es la novia feliz?
Dime...
PABLO. Son amores póstumos.
No es la novia que escogí
de este mundo.
MATÍAS. Alguna momia...

PABLO. No. Fresca como el abril.
¡Flor de mi tumba! ¿Por qué
tan tarde te conocí?
ISABEL. (Me mira... ¡Ah! ¡Cómo palpita
mi corazón!)
ANTONIO. Pero, en fin...
JACINTA. (¿Será Isabel?...)
DAMA 1.ª ¿No sabremos...?
PABLO. Aunque a su gracia gentil
sabe hermanar la modestia,
su nombre puedo decir,
que pues le ofrezco mi mano,
no la alejará de sí
quien ya me dio el corazón.

(Isabel no puede reprimir su agitación.)

DAMA 1.ª *(Aparte a las otras.)*
Hacia aquí mira. ¿Advertís?
PABLO. ¡Ah!, sí. Ya anuncia mi dicha
en su labio de carmín
la sonrisa del amor.
DAMA 1.ª (¡Yo soy! Me ve sonreír...)
PABLO. Y esa mirada...

(Acercándose a Isabel y presentándole la mano.)

¡Isabel!
ISABEL. ¡Pablo mío!

(Toma la mano de Don Pablo, y reclina la cabeza en el pecho del mismo como para ocultar el exceso de su gozo.)

DAMA 1.ª *(Con un suspiro y abanicándose.)*
(¡No era a mí!)

ANTONIO.
LUPERCIO.
DAMAS.
GALANES. } ¡Isabel!
MATÍAS. *(A Jacinta.)*

¡Era tu hermana!
ELÍAS. ¡Ya llegó mi San Martín!
MATÍAS. ¿No dijiste que tu esposa
no era de este mundo?
PABLO. Sí.
Mujer de un alma tan pura,
cuya virtud sin igual
compite con su hermosura,
es un ser angelical;
no es humana criatura.
Mujer de tanta virtud.
Mujer de amor tan profundo,
que en su tierna juventud
se inmolaba... ¡a un ataúd!...,
no pertenece a este mundo.
Yo, que su ventura anhelo,
ya no me juzgo habitante
de este miserable suelo;
que Isabel me mira amante,
y sus brazos son... ¡el cielo!
ISABEL. Yo, que te lloré en la losa;
yo, que con verte, no más,
me tenía por dichosa,
¿qué haré ahora, que me das
el dulce nombre de esposa?
PABLO. ¡Cuán de veras lo mereces!
¡Dichosa muerte mil veces!
¡*Muérete, y verás,* Matías!...
MATÍAS. ¡Lindo regalo me ofreces!
PABLO. ¿Qué dice usted, don Elías?
ELÍAS. Que el mundo es un entremés,
don Pablo.
MATÍAS. Es cierto.
LUPERCIO. Así es.
ANTONIO. Para aprender a vivir...
ELÍAS. No hay cosa como morir...
PABLO. Y resucitar después.

ÍNDICE

Índice